Lavorare da Casa

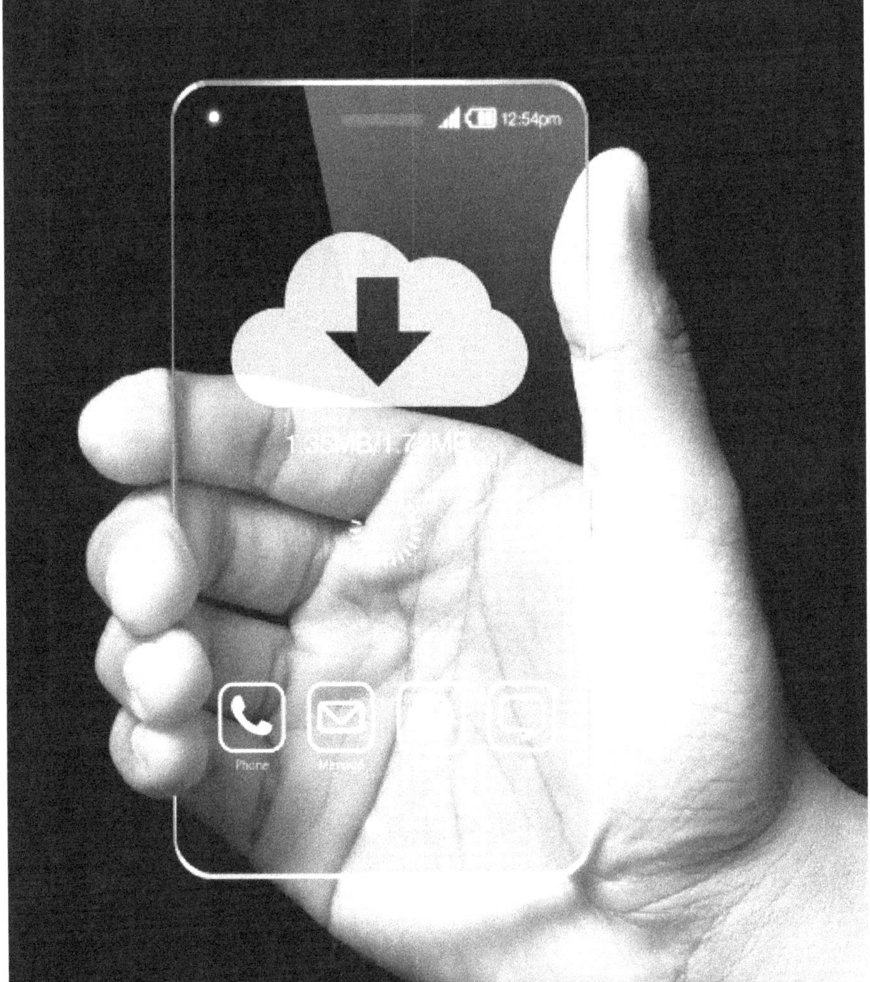

Crea guadagni passivi pubblicando prodotti digitali informativi

Victor Lauella

Victor Lauella

LAVORARE DA CASA – CREA GUADAGNI PASSIVI PUBBLICANDO PRODOTTI DIGITALI INFORMATIVI

UUID: e2cd276e-2cb3-4878-a67d-e40158078b0b

Questo libro è stato realizzato con StreetLib Write

https://writeapp.io

Indice dei contenuti

-
-
-
-
-
-
-
-

Esclusione di responsabilità

Questo e-book è stato scritto solo a scopo informativo. È stato fatto ogni sforzo per renderlo il più completo e accurato possibile.

Tuttavia, potrebbero esserci degli errori tipografici o di contenuto. Inoltre, questo e-book fornisce informazioni solo fino alla data di pubblicazione. Pertanto, questo e-book deve essere utilizzato come guida e non come fonte definitiva.

Lo scopo di questo e-book è quello di educare. L'autore e l'editore non garantiscono che le informazioni contenute in questo e-book siano complete e non sono responsabili di eventuali errori o omissioni.

L'autore e l'editore non avranno alcuna responsabilità nei confronti di qualsiasi persona o entità in merito a perdite o danni causati o presunti tali direttamente o indirettamente da questo e-book.

1 - PERCHÉ I PRODOTTI INFORMATIVI?

Se ti sei strappato i capelli alla ricerca di un modo per fare soldi online, la ricerca è finita! Uno dei modi più semplici per fare soldi è scrivere e vendere prodotti informativi sotto forma di libri elettronici. Questo è il prodotto per eccellenza per le vendite online, semplicemente perché il potenziale è enorme!

Un libro elettronico, come forse già saprai, non è un libro tradizionale in cui puoi girare l'angolo di una pagina per segnare il tuo posto. (Si tratta di un normale file di computer, non diverso dalle centinaia di altri file che puoi avere sul tuo disco rigido, ma strutturato in modo da apparire e leggersi come un libro tradizionale. Puoi leggere un libro elettronico sul monitor del tuo computer oppure stamparlo in modo da renderlo portatile.

Un libro elettronico può essere visualizzato su qualsiasi tipo o marca di computer. Puoi inviarli come allegati di un'e-mail o scaricarli dal web. I libri elettronici sono estremamente versatili! Occupano pochissimo spazio sul disco rigido. Alcune persone hanno centinaia di eBook sul proprio computer, una biblioteca che hanno scelto personalmente.

Autopubblicazione digitale

L'autopubblicazione digitale di un eBook è molto diversa dalla pubblicazione di un libro tradizionale. Nel caso di un libro tradizionale, se decidi di auto-pubblicarlo, devi sostenere tu stesso i costi di stampa. Poi, se il libro ha successo e devi ristamparlo, devi pagare di nuovo quei costi, il che va a intaccare i tuoi profitti. Se il tuo obiettivo è quello di far pubblicare il tuo libro nel modo consueto da una grande casa editrice, preparati a una lunga attesa.

Innanzitutto, il tuo libro deve essere approvato. Questo può richiedere un anno o più, sempre che avvenga! La maggior parte delle persone che sognano di pubblicare il proprio libro hanno una cartella piena di lettere di rifiuto che testimoniano i loro sforzi. Se per caso il tuo libro viene approvato, non viene pubblicato subito. C'è da aspettare anche per questo. In definitiva, potrebbero passare diversi anni prima che il tuo libro arrivi sul mercato e ancora di più prima che tu possa vedere i profitti del tuo lavoro!

La pubblicazione di un eBook non comporta costi di stampa e tempi di attesa molto ridotti. Le statistiche dimostrano che gli eBook vendono meglio degli audiolibri e dei libri in brossura, e gli eBook informativi vendono meglio di tutti.

Cosa rende gli eBook informativi un prodotto così speciale?

- Le informazioni sono estremamente redditizie.
- Oggi c'è una quantità illimitata di informazioni nel mondo.
- Le informazioni sono facili e poco costose - a volte quasi gratuite - da fornire ai tuoi clienti online.
- Tutte le informazioni prodotte da te in forma scritta per il tuo eBook sono tue. Le possiedi completamente e puoi controllare dove vanno a finire.
- Le informazioni nuove per le persone o presentate in modo nuovo avranno pochissima concorrenza.
- Il tuo articolo è diverso da quello di chiunque altro perché l'hai scritto tu! (Va da sé che non puoi copiare il lavoro di qualcun altro e spacciarlo per tuo).
- Le informazioni si prestano molto bene al cross-selling, un tipo di tecnica di vendita in cui offri un prodotto più redditizio nello stesso momento in cui proponi il tuo prodotto informativo principale.

- Il cross-selling può farti guadagnare ancora di più. La vendita di un prodotto che si abbina al tema del prodotto informativo può raddoppiare o addirittura triplicare i tuoi profitti. Supponiamo che tu abbia scritto un eBook sull'addestramento dei cani. Se offrissi collari da addestramento, guinzagli, clicker e altri articoli utilizzati nel tuo libro sullo stesso sito web, i tuoi clienti sarebbero molto tentati di acquistarli. Considera il cross-selling come un modo per offrire accessori al tuo eBook. Spesso un eBook viene dato in omaggio con l'acquisto di un articolo per invogliare il cliente ad acquistare i prodotti di prezzo superiore.

- Le informazioni possono essere utilizzate anche per l'up-selling. In questo caso, si possono avere due versioni del tuo eBook: una versione normale che viene venduta a un prezzo unico e una versione "deluxe" con maggiori informazioni che viene venduta a un prezzo più alto.

Esiste un solo prodotto al mondo che può soddisfare tutti i criteri sopra elencati, ed è un prodotto informativo.

Cosa sono i prodotti informativi?

"Ma cosa sono esattamente i prodotti informativi?", ti starai chiedendo. "Da dove prendo tutte queste informazioni? Sono felice che tu abbia fatto questa domanda! I prodotti informativi sono una delle cose che preferisco, semplicemente perché c'è una tale varietà di argomenti di cui scrivere! Un numero infinito, in realtà! Lascia che ti spieghi cos'è un prodotto informativo.

I prodotti informativi sono relazioni basate su fatti e dati che sono uno dei prodotti più in voga su Internet oggi. Se vuoi una prova, dai un'occhiata alle inserzioni di eBook su EBay. Fai una ricerca per termini come "eBook", "come fare" o anche "prodotto informativo" e vedrai che sembra esserci un eBook per ogni argomento immaginabile!

Perché sono così popolari?
Perché il pubblico degli acquirenti online è così entusiasta degli eBook? Perché le informazioni vendono! Anzi, si può dire che le informazioni sono uno dei prodotti più venduti di tutti i tempi!

Come è possibile, ti chiederai. Non tutti gli utenti del mondo sono su Internet e ci sono moltissimi prodotti in vendita sia online che offline. Perché le persone acquistano informazioni?

Semplicemente perché le informazioni
- aiutano le persone in molti modi
- istruisce le persone su argomenti di loro interesse
- risolve i problemi che le persone incontrano nella loro vita quotidiana
- Intrattiene le persone
- Fa riflettere

Il prodotto perfetto...

Quando si tratta di scrivere un eBook, la tua immaginazione è l'unico limite che avrai. Pensa a tutti i diversi argomenti che potresti aiutare! Le possibilità sono davvero incredibili! Detto questo, secondo me un eBook informativo è IL prodotto perfetto. Perché sono giunto a questa conclusione?

- Le informazioni contenute nel libro sono le tue informazioni. Sono uscite direttamente dal tuo cervello. Tu, e solo tu, sei il padrone di queste informazioni! Tu, e solo tu, puoi decidere il prezzo che vuoi chiedere per il tuo eBook.

- Quando vendi prodotti informativi, non ti troverai mai a corto di scorte. Scrivere una volta e venderla per anni è il mio motto da quando ho iniziato a scrivere e vendere eBook informativi!

- Questi eBook sono facili da creare (ok - ti sento gemere! Non temere: più avanti in questo libro ti spiegherò una tecnica che ti permetterà di creare i tuoi prodotti informativi in meno tempo di quanto tu possa immaginare!

- Alcune informazioni non passano mai di moda. A seconda dell'argomento scelto per il tuo eBook, potresti vendere lo stesso prodotto finito per anni!

- Il prezzo di un prodotto informativo finito NON si basa su quanto ti è costato in termini di tempo e attrezzature produrlo! Il prezzo che scegli di chiedere per il tuo lavoro si basa sul valore che l'eBook può offrire ai tuoi clienti.

- Esistono modi per fornire prodotti informativi ai tuoi clienti in modo automatico, senza dover stare davanti al computer per farlo a mano. Ciò significa che puoi dormire e vendere eBook alle 3 del mattino, vendere eBook mentre guardi la televisione e persino vendere eBook mentre sei in vacanza! Potrai vendere 365 giorni all'anno, 24 ore su 24, 7 giorni su 7, con il giusto eBook informativo.

L'effetto domino

Ho sempre pensato che scrivere un eBook abbia un effetto domino. Una volta che ne hai scritto uno, ti viene sempre in mente un altro argomento che pensi possa essere un prodotto informativo che le persone sarebbero interessate ad acquistare.

Prendi il libro sull'addestramento dei cani di cui ho parlato sopra. Dopo averlo scritto, supponiamo che tu decida di scrivere altri eBook che illustrino come addestrare determinate razze di cani?

Il metodo di addestramento non è diverso, ma utilizzando le stesse informazioni sull'addestramento e aggiungendovi la storia della razza e alcune informazioni specifiche, avrai improvvisamente un nuovo prodotto informativo!

E con oltre 800 razze canine diverse riconosciute dai vari kennel club di tutto il mondo, supponiamo che tu scriva un eBook informativo per ognuna di queste razze? Capisci cosa intendo? L'effetto domino in azione!

Pensaci in questo modo. Uno dei motivi principali per cui le persone hanno e vogliono una connessione internet nelle loro case è la grande quantità di informazioni disponibili su internet. Le persone di oggi sono affamate di informazioni!

2 - TROVARE PIÙ VOLTE IL TUO PUBBLICO DI NICCHIA

Per scrivere prodotti informativi che vendano - eBook che la gente accorra al tuo sito web per acquistarli, dovrai seguire la saggezza - o l'arguzia - del popolare comico radiofonico e televisivo Red Skelton. "Dai alla gente quello che vuole e verrà". Questa saggia frase è stata modificata da molti scrittori di eBook in questo modo: "Se lo scrivi, non è detto che vengano a comprarlo".

Non sono mai state pronunciate parole più vere! Potresti pensare di dover fare una piccola ricerca e decidere una nicchia o un pubblico di riferimento. Il pubblico è il gruppo di persone a cui ti rivolgerai nel tuo eBook. Ma in un certo senso ti limiti a scrivere solo per un pubblico di riferimento. Molti scrittori di eBook metterebbero in dubbio questa teoria e penserebbero che sia una cosa piuttosto radicale da dire, ma io credo che sia necessario fornire prodotti informativi che non rientrino in un'unica categoria.

Supponiamo che tu abbia deciso che il tuo pubblico di riferimento saranno le quilter. Scrivi un fantastico eBook sul tuo metodo di quilting facile e includi diversi modelli originali da te disegnati. Metti questo prodotto informativo su un sito web che hai creato con l'esplicito scopo di venderlo e le vendite vanno bene, almeno per un po'. Poi, sembra che tutto il tuo potenziale di vendita si sia esaurito.

Perché all'improvviso hai smesso di vendere il tuo eBook a un ritmo piuttosto sostenuto? Sei sceso a poche vendite al mese!

Le tue vendite sono rallentate per una semplice ragione. Hai esaurito il mercato del quilting. Non tutti sono quilter o conoscono una quilter a cui regalare il tuo eBook. Chi è interessato al Texas Hold 'Em Poker, a come sistemare i fiori o a come organizzare un'ottima festa per bambini, non comprerà il tuo eBook sulla trapuntatura!

Oppure supponiamo che tu sia appassionato di alimentazione sana. Tutti devono mangiare, pensi. Così scrivi un eBook che esalta le virtù di frutta, verdura e cereali integrali, crei una pagina web e ti siedi ad aspettare che gli ordini inizino ad arrivare.

Vendi 15 o 20 copie prima che gli ordini inizino a rallentare e poi a fermarsi. Sì, tutti devono mangiare, ma alcune persone non rinunceranno alla loro dieta a base di cibo spazzatura, per quanto convincente possa essere il tuo eBook.

Molti dei consigli disponibili per gli aspiranti scrittori di eBook li esortano a scrivere di ciò che amano o che conoscono meglio. A volte, gli eBook di questo tipo ottengono buoni risultati. A volte, invece, i loro autori rimangono molto delusi dalle vendite.

Perché gli ebook falliscono?

I motivi per cui la maggior parte delle persone non riesce a diventare un distributore di eBook online di successo sono tre.

- Scrivono i loro eBook su articoli troppo generici.
- Prestano attenzione a ciò che qualcun altro dice essere un articolo caldo invece di seguire il proprio istinto.
- Seguono ciò che la maggior parte dei guru online dice loro e scrivono di "ciò che amano/che conoscono". Hai visto i risultati di questa teoria qui sopra.

Quindi, come si fa a scrivere eBook che possano interessare a tutti prima o poi? Il tuo eBook deve avere qualcosa di diverso dagli eBook generici "come fare" che vengono venduti su Internet. Potrai anche scrivere degli stessi articoli, ma dovrai avere un po' di "esca" nel tuo libro che farà saltare i tuoi potenziali clienti come un pesce salta verso un amo. Quali sono gli articoli di cui ogni persona sulla terra avrà bisogno ad un certo punto della sua vita?

Scrivere per un pubblico disperato

Non c'è anima viva su questa terra che non abbia avuto qualche problema da superare. I problemi, grandi e piccoli, sono presenti nelle nostre vite ogni giorno, che lo vogliamo o no. Eppure, in qualche modo, riusciamo a superarli quasi tutti, se non tutti. Impariamo dai nostri errori e andiamo avanti.

A volte le soluzioni ai problemi che ho affrontato sono state piuttosto semplici. Ma mi ci è voluto un po' di tempo per capire esattamente quale fosse la soluzione e come implementarla.

È così per la maggior parte delle persone. Vogliono disperatamente risolvere i piccoli e grandi problemi della vita, ma sembra che ci voglia un'eternità per capire i passi necessari per farlo. È qui che entrerai in gioco tu.

Queste persone saranno il miglior pubblico di eBook che tu possa mai sperare di avere. Hanno dei problemi e vogliono delle soluzioni... ora!

Quali sono i problemi più comuni che possono essere trattati in un eBook?

1. Persone che hanno difficoltà finanziarie, come ad esempio bancarotta, scarso credito, cattivo credito, pignoramento. Queste persone sono piuttosto disperate. Sarebbero estremamente disposte a pagare per ottenere informazioni che possano aiutarle.

2. Persone che hanno animali domestici chiassosi che hanno bisogno di essere addestrati. Cani che abbaiano tutta la notte o che non vengono quando vengono chiamati. Gatti che si rifiutano di usare la lettiera o che graffiano i mobili. Questo

genere di cose fa sì che le persone cerchino su internet una soluzione che tu puoi fornire.

3. Persone che cercano un modo per perdere peso. Questo sarà sempre un articolo caldo, perché si tratta sempre di un problema che le persone vogliono risolvere. Ci sono molte diete diverse e molti motivi per cui le persone sono disposte a fare qualsiasi cosa pur di perdere i chili di troppo. Puoi mescolare le diete e le idee e creare un eBook davvero vincente.

4. Persone che vogliono risparmiare. Gli eBook sul risparmio sulla bolletta dell'energia, sulla spesa al supermercato, sulla ricerca dei migliori sconti per lo shopping online, sul vivere in modo frugale e sul bilancio: sono tutti argomenti che alcune persone devono affrontare spesso e ognuno di questi potrebbe essere un eBook convincente che aiuterebbe molte persone a uscire da una situazione difficile.

5. Chi vuole iniziare a vendere su Amazon.com, il nuovo negozio Kindle di Amazon ha reso ricche molte persone sia nel mercato della narrativa che in quello della saggistica. Tutti i consigli e i trucchi fondamentali per aiutarli a raggiungere questo obiettivo possono far guadagnare molti soldi a TE.

6. Persone che hanno problemi legali. Potrebbe trattarsi di qualcuno che sta cercando di riscuotere gli alimenti per i figli. Forse è qualcuno che sta affrontando un processo in tribunale e cerca disperatamente informazioni su cosa aspettarsi. O forse si tratta di qualcuno che è stato arrestato senza motivo e vuole rappresentarsi in tribunale. La legge è vasta e variegata e ci sono molti articoli che potresti scrivere e che potrebbero far risparmiare a qualcuno tempo e problemi.

7. Persone che cercano informazioni su come migliorare la propria fortuna nel mercato azionario. I nuovi investitori sono particolarmente desiderosi di ricevere tutte le informazioni possibili.

8. Persone che hanno problemi con la loro vita sentimentale. Ti stupirebbe sapere quante persone si collegano a internet alla ricerca di modi per far rinascere un

amore perduto, per iniziare una nuova relazione, per evitare che la loro attuale relazione si sgretoli o per migliorare una relazione mediocre. Si accaparrerebbero un eBook scritto apposta per loro.

9. Persone che vogliono smettere di fumare, eliminare l'acne, domare i capelli crespi o risolvere altri problemi personali. Ci sono tantissimi esempi che potrebbero essere ottimi eBook che le persone sarebbero entusiaste di acquistare.

Questo è solo un piccolo assaggio di tutti gli articoli che la gente vuole conoscere. Considera anche che gruppi di età diverse vogliono sapere cose diverse. I ragazzi adolescenti cercano aiuto per i videogiochi. Le ragazze adolescenti vogliono consigli di bellezza e aiuti per le relazioni.

I giovani lavoratori pagherebbero caro gli eBook su come vincere lo stress sul lavoro, fare carriera o addirittura mettersi in proprio. I giovani genitori acquisterebbero volentieri libri su come prendersi cura del neonato con le coliche. I baby boomer preoccupati per la pensione apprezzerebbero gli eBook su come prepararsi a quel periodo della loro vita.

C'è sicuramente bisogno di queste informazioni! Quando scrivi di articoli per i quali le persone hanno solo un interesse, possono essere motivate o meno ad acquistare un eBook che ne parli. Ma se hai scritto qualcosa che descrive nel dettaglio un modo per aiutarli a risolvere un problema che li tiene svegli tutta la notte per la preoccupazione, puoi scommettere che la maggior parte delle persone sarà davvero molto interessata! Interessate a tal punto da acquistare il tuo eBook!

Dai, non ti è mai capitato di cercare su Google un problema che stai affrontando per vedere se trovi una risposta? A me è capitato, e anche a molte altre persone. Ma molte di loro rinunciano per frustrazione o per mancanza di tempo dopo aver consultato un paio di siti web.

Queste persone sono quelle che vuoi raggiungere con il tuo eBook. Tutte le informazioni di cui hanno bisogno saranno raccolte in un unico formato di facile lettura a cui potranno fare riferimento più e più volte, online o offline, se si prenderanno il tempo di stamparlo, cosa che molto probabilmente faranno!

So cosa ti stai chiedendo in questo momento. Ti stai chiedendo come riuscirai a trovare le informazioni per scrivere di problemi diversi dai tuoi. Anche se i tuoi problemi possono essere un buon punto di partenza, non sarebbe male fare qualche ricerca per cercare di individuare i tipi di problemi più comuni per le persone nel mondo di oggi. Un modo per ottenere dei dati da utilizzare è quello di

Diventare un detective dell'informazione

Internet è pieno di informazioni, lo sappiamo entrambi. E ora stai per utilizzarlo per fare una ricerca sull'argomento del tuo primo eBook. I motori di ricerca sono lì in attesa di fare il tuo dovere. Sapevi che i diversi motori di ricerca possono dare risultati completamente diversi? Ecco perché devi usarne più di uno per fare una ricerca davvero approfondita. Oltre a Google, che quasi tutti conoscono, ci sono anche questi motori di ricerca che ti aiuteranno nel tuo compito:
- Ask.com
- Ricerca Live
- Ricerca Yahoo
- Dogpile

I motori di ricerca sono il luogo in cui andrai a cercare le informazioni dettagliate di cui hai bisogno per scrivere il tuo eBook. Ma c'è anche un'altra fonte di informazioni che è piuttosto inesplorata per gli aspiranti autori di eBook, e alcune di queste fonti non sono sempre reperibili con una normale ricerca tramite uno dei motori di ricerca sopra citati.

Si tratta di blog, newsgroup, liste di e-mail, forum online e newsletter. C'è una miniera d'oro virtuale di informazioni relative all'argomento che hai scelto che aspetta solo di essere sfruttata. Puoi trovare queste fonti utilizzando una serie di termini sui motori di ricerca che hai scelto. Basta prendere la parola che rappresenta l'argomento che hai scelto e abbinarla alla fonte. Ad esempio, se stai cercando informazioni sulle assicurazioni, ti basterà digitare -

- Liste di email sulle assicurazioni
- newsgroup sulle assicurazioni
- Forum sulle assicurazioni
- Newsletter sulle assicurazioni

Puoi farti un'idea di quale potrebbe essere l'articolo più popolare per il tuo primo eBook semplicemente dedicando un po' di tempo a leggere alcune di queste bacheche, liste di email e tutto il resto. Si tratta di persone reali che parlano dei loro problemi su questi forum e simili. Non puoi mai sapere quando potresti imbatterti in un post che potrebbe dare vita a un'idea per un eBook, quindi è una buona idea annotare gli appunti mentre leggi.

Ora, cosa fai se per qualche motivo non riesci a trovare le informazioni che cerchi utilizzando i motori di ricerca? Probabilmente hai scelto un articolo che non è molto venduto. Se le persone non ne discutono, non sono disposte ad acquistare un eBook sull'argomento! Prova con un altro argomento finché non trovi una corrispondenza. Una volta trovato, è il momento di scrivere!

3 - LA MIGLIORE FONTE DI INFORMAZIONI DEL PIANETA - IL PUBBLICO DOMINIO

Scrivere i contenuti del tuo eBook non è poi così difficile - davvero! Se conosci bene l'argomento, la scrittura sarà molto più veloce. Non dovrai fare molte ricerche, se non addirittura nessuna, per far uscire i pensieri dalla tua testa e portarli sullo schermo. Ma anche se stai per scrivere il tuo primo eBook su un argomento di cui non hai molta esperienza personale, puoi essere certo di poterne scrivere e anche bene. In questo momento può sembrare difficile, ma con le giuste tecniche di ricerca puoi creare un eBook meraviglioso.

Ti ricordi quando a scuola dovevi scrivere una relazione su un argomento di cui non sapevi molto? Cosa hai fatto per dotarti delle conoscenze necessarie?

Probabilmente sei andato in biblioteca e ti sei documentato sull'argomento, oppure hai consultato l'enciclopedia che avevi a casa, per imparare tutto su Saturno, sulla Guerra Civile o su qualsiasi altro argomento che il tuo insegnante ti aveva assegnato. E poi hai scritto la tua relazione basandoti sulle conoscenze acquisite sui libri.

Anche se non ti consiglio di scrivere un eBook su un articolo che non conosci affatto, puoi scrivere molto bene su quasi tutti gli argomenti con l'aiuto del tuo migliore amico, il motore di ricerca. Sul web ci sono informazioni su qualsiasi argomento immaginabile che ti stupiranno.

Cosa vuoi ottenere?

Una delle prime cose da fare è decidere esattamente cosa vuoi ottenere con il tuo eBook. Sì, lo so che speri di guadagnarci dei soldi! Ma qual è la tua motivazione per questo libro? Cosa vuoi che faccia oltre a far crescere il tuo conto in banca? Pensa a come risponderesti alle domande che seguono.

- Le informazioni contenute nel tuo eBook rispondono a un bisogno o a un impulso reale delle persone? Un eBook su come addestrare il tuo cane a smettere di abbaiare o su come perdere 10 chili in modo indolore sono due esempi.
- Quando qualcuno avrà finito di leggere il tuo eBook, che tipo di nuova comprensione, conoscenza o abilità, di risoluzione dei problemi o altro, vuoi che abbia acquisito?
- Le informazioni che hai fornito nel tuo eBook sono utili alle persone? Meglio ancora, è unica? Offre al lettore qualcosa che altri eBook sullo stesso argomento molto probabilmente non offrono?
- Coloro che leggono il tuo eBook sapranno cosa fare per raggiungere l'obiettivo che si prefigge? Capiranno come evitare la bancarotta, come addestrare il proprio cane o qualunque sia l'articolo che hai scelto?

Se puoi rispondere a queste domande, il tuo eBook è già a buon punto, anche se devi ancora scrivere la prima riga di testo.

Destinare il libro al pubblico

Devi pensare a come orientare il tuo stile di scrittura verso il tuo pubblico. Un modo semplice per farlo è immaginare a chi stai parlando e parlare con loro! Stai scrivendo di codici di videogiochi? Il tuo pubblico sarà composto da ragazzi adolescenti. Il tuo eBook parla di come calmare un neonato con le coliche? Allora ti rivolgerai alle madri o forse anche ai padri. Spiega l'argomento e scrivi con un tono semplice e colloquiale, ma non rivolgerti al pubblico. Immagina il tuo pubblico nella tua testa mentre scrivi e vedrai che sarà molto più facile "parlare" con loro.

Come ho detto prima, è sempre più facile scrivere di qualcosa che conosci, ma anche in questo caso hai bisogno di risorse per arricchire il tuo libro. Ti ho suggerito di utilizzare i meravigliosi motori di ricerca di Internet per fare ricerche che ti permettano di scrivere un eBook sul prodotto informativo.

Ma supponiamo che ti sia venuta una grande idea per un eBook sulla risoluzione dei problemi, ma che tu abbia difficoltà a raccogliere i dati. Oppure, supponiamo che tu non abbia il tempo di fare ricerche? C'è una soluzione perfetta per te! Basta rivolgersi all'enorme selezione di opere di pubblico dominio che si trovano online.

Cos'è il pubblico dominio?

Probabilmente ti starai chiedendo di cosa sto parlando. Il pubblico dominio è un'enorme gamma di diversi tipi di materiali o "opere creative" che vengono raggruppati insieme e chiamati "proprietà intellettuale". Tutto ciò che è proprietà intellettuale non è posseduto o controllato da alcuna persona.

Inoltre, questi materiali non sono più coperti da copyright, perché è scaduto. Il copyright scade

- Quando un libro è stato pubblicato per la prima volta prima del 1 gennaio 1923.

- Se un libro è stato pubblicato almeno 95 anni prima del 1° gennaio dell'anno in corso.

- Se la persona o le persone che hanno scritto il materiale sono morte almeno 70 anni prima del 1° gennaio dell'anno in corso.

- Il materiale non è coperto da copyright perpetuo.

- Non è stata concessa alcuna estensione del copyright sul materiale.

Si stima che circa il 15% di tutti i libri mai scritti siano ora di pubblico dominio e non più coperti da copyright, e questa cifra comprende il 10% di tutti i libri ancora in stampa. Ciò significa che CHIUNQUE può utilizzare questi materiali.

Tutto il materiale che è o è stato prodotto dal governo degli Stati Uniti e da altri enti governativi del mondo è escluso dalla legge sul copyright. È considerato di pubblico dominio.

Probabilmente starai pensando: "Beh, tutto questo è molto bello e interessante, ma cosa ha a che fare con me e con l'eBook che voglio scrivere?

Questi materiali di pubblico dominio sono un tesoro per chiunque voglia creare un prodotto informativo! Non solo troverai materiale scritto disponibile per il pubblico dominio, ma anche immagini, audio e video!

Ok, ti capisco. Ti stai chiedendo come sia possibile che qualcosa di così antico possa essere letto dalle persone di oggi... giusto? Ecco una piccola curiosità che ti farà riflettere. Sicuramente avrai sentito parlare dei film Disney Biancaneve e La Sirenetta, soprattutto se hai dei bambini. Sapevi che un tempo questi film erano opere scritte che languivano nel pubblico dominio? Un saggio produttore hollywoodiano li ha trovati, li ha rivisitati in chiave moderna e li ha trasformati in film che hanno riscosso un grande successo sia tra i grandi che tra i piccini e hanno fatto guadagnare un sacco di soldi alla Disney Company! Se un grande conglomerato come Disney può utilizzare materiale di pubblico dominio, anche tu puoi trarne vantaggio.

Ecco un piccolo esempio di alcune delle informazioni di dominio pubblico disponibili online che potrai adattare in un superbo prodotto informativo!
- Lettura della mente
- Contabilità
- Trattamento dell'alta pressione sanguigna
- Scrittura d'autore
- Rimedi erboristici
- Imparare a disegnare
- Rimanere in salute a più di 50 anni
- Studi sull'occulto
- Marketing
- Alimentazione
- Camminare per fare esercizio
- Trading in borsa
- Giochi
- Lotta libera
- Casa e giardino
- Film
- Decorazione d'interni
- Lavori ad ago
- Sport
- Astrologia
- Moda
- Hobby
- Animali domestici
- Viaggi
- Disabilità
- Alimentazione e dieta
- Sessualità

Come puoi vedere, la vastità di queste informazioni è assolutamente sconvolgente. È difficile credere che tutte queste informazioni siano gratuite e che non siano assolutamente considerate un plagio, ma è proprio così.

Non pensi che potresti trovare un articolo per un eBook solo dall'elenco di argomenti piuttosto ampi qui sopra? Tra l'altro, tutti si suddividono in ulteriori categorie. Una risorsa ricchissima di informazioni che non aspetta altro che essere trasformata in eBook, articoli, relazioni, manuali o qualsiasi altro tipo di prodotto informativo tu possa immaginare.

Credo che uno degli aspetti migliori dell'utilizzo di opere di pubblico dominio per creare prodotti informativi sia che non molte persone sono consapevoli dell'esistenza di questo materiale.

Non hanno idea che ci sono milioni e milioni di pagine di conoscenze e fatti interessanti e ben scritti che possono essere utilizzati liberamente in qualsiasi modo senza dover chiedere il permesso a nessuno.

Chiunque può riprodurre opere di pubblico dominio, distribuirle, venderle, adattarle e modificarle. Sembra troppo bello per essere vero, vero?

Come utilizzare il pubblico dominio

L'unica avvertenza per l'utilizzo di materiale di pubblico dominio è che devi verificare che il materiale che vuoi utilizzare sia effettivamente di pubblico dominio.

Devi assicurarti di utilizzare l'opera originale di pubblico dominio, poiché le versioni successive di tale opera potrebbero essere state riviste o modificate e l'adattamento potrebbe essere protetto da copyright.

Per spiegarlo in modo più comprensibile, pensa all'opera originale di pubblico dominio con un nuovo strato di materiale aggiunto, e non solo lo stesso materiale scritto in modo diverso. Il nuovo strato è quello che detiene il copyright - NON il materiale di pubblico dominio.

Quindi, per essere sicuri, è bene avere e conservare una copia stampata di qualsiasi opera originale di pubblico dominio che utilizzi per il tuo materiale informativo, in modo che se dovessi essere interrogato sul materiale di partenza dell'eBook (cosa molto improbabile) tu abbia la prova di aver utilizzato l'opera originale.

Esistono quattro categorie principali di materiale di pubblico dominio tra cui puoi scegliere per creare il tuo prodotto informativo.

1. Informazioni semplici e generiche di tutti i giorni, come moduli vuoti, titoli, fatti, idee, numeri, ecc.

2. Qualsiasi materiale scritto ancora protetto da copyright che è stato donato o che può essere utilizzato con il permesso dell'autore. A volte, per bontà d'animo o per motivi sconosciuti, gli autori permettono l'utilizzo delle loro opere indipendentemente dal fatto che abbiano o meno un copyright.

3. Qualsiasi cosa scritta o prodotta dal governo federale o da chiunque scriva informazioni e/o materiali PER il governo federale.

4. Qualsiasi materiale che in precedenza aveva un copyright, ma che per un motivo o per l'altro lo ha perso ed è ora di pubblico dominio.

Ricordo bene l'emozione che provai quando scoprii per la prima volta il materiale di pubblico dominio. Era come se la mia fata madrina avesse agitato la sua bacchetta magica e avesse aperto uno scrigno di tesori davanti a me! Quella prima sera ho trascorso diverse ore in un'atmosfera di muto fascino, sfogliando elenchi e elenchi di libri su ogni argomento immaginabile, articoli, opuscoli e altre informazioni che non riuscivo a credere di poter utilizzare per creare un prodotto informativo.

Poi, quando ho scoperto che esistevano diverse biblioteche online che contenevano più materiale di dominio pubblico di quanto avrei mai potuto leggere in tutta la mia vita, sono stato conquistato. Sapevo di essere su qualcosa di veramente grande e il giorno dopo sono passato all'azione.

Ho scelto un'opera di dominio pubblico e l'ho trasformata in un eBook breve ma ricco di informazioni in un solo giorno. Ho scelto questa particolare informazione perché si integrava perfettamente con un altro prodotto informativo che avevo già in vendita sul mio sito web.

L'ho utilizzato come upsell (ricordi la nostra definizione di questo termine?) di questo prodotto informativo che vendeva in modo abbastanza costante. Ho offerto questo upsell a $9,99, oltre ai $39,99 dell'eBook già presente sul sito, e mi sono seduto per vedere cosa sarebbe successo.

In un paio di giorni sono rimasto scioccato e molto, molto soddisfatto! Le vendite del mio eBook non solo erano aumentate vertiginosamente, ma il 45% delle persone che lo avevano acquistato aveva anche comprato l'eBook upsell per altri $9,99! Ho ricevuto addirittura delle e-mail di ringraziamento per le informazioni contenute nell'eBook upsell!

Poi ho fatto un altro esperimento. Ho scelto un altro libro di dominio pubblico e l'ho distribuito gratuitamente come bonus insieme a un altro prodotto informativo che stavo vendendo. Il bonus gratuito era irresistibile, credo, e dato che l'unico modo in cui le persone credevano di poterlo ottenere era quello di acquistare il mio eBook, le vendite di questo libro sono salite alle stelle. Dire che ero entusiasta è davvero un eufemismo!

Ma basta parlare di me e del mio successo nell'utilizzo di materiale di pubblico dominio. Siamo qui per aiutarti a utilizzare questo materiale per creare un prodotto informativo che ti farà guadagnare un sacco di soldi! In un tempo più breve di quanto tu abbia mai immaginato, avrai un prodotto informativo tutto tuo, scritto e pronto per essere venduto. Sei pronto? Cominciamo!

4 - CREARE I TUOI CONTENUTI CON MATERIALE DI PUBBLICO DOMINIO

Allaccia le cinture di sicurezza: questa sarà una corsa selvaggia! No, non proprio! Ma la velocità con cui avrai un prodotto informativo finito sullo schermo davanti a te, pronto per essere commercializzato al pubblico, ti farà pensare che ci sia lo zampino di una slitta a razzo!

Ricordi come abbiamo imparato all'inizio di questo libro che le persone che sono alla disperata ricerca di informazioni per risolvere un loro problema finiranno per essere tra i tuoi migliori clienti, a patto che il tuo prodotto informativo sia in grado di dare loro le risposte che cercano e di aiutarli a uscire da quella che percepiscono come una situazione di estrema difficoltà?

Ricordi che abbiamo parlato della necessità di scoprire una nicchia di mercato, più e più volte? Scoprirai che ogni singolo problema per cui crei un prodotto informativo può essere una nicchia a sé stante. Spesso puoi scorporare alcuni di questi problemi e scrivere un secondo o addirittura un terzo eBook sullo stesso argomento generale.

Quando fai così, le vendite sono quasi assicurate, perché le persone che hai aiutato a risolvere i problemi si fidano di te e della tua scrittura. Credono in te e qualsiasi altra cosa tu scriva sull'argomento che li interessa sarà vista come una "cosa buona" e probabilmente vorranno acquistare altri eBook che scriverai sull'argomento.

Ecco un buon esempio. Un paio di anni fa, ho scritto un prodotto informativo in forma di eBook su come educare un cucciolo o un cane adulto apparentemente non addestrabile in 2 settimane, garantito. È andato a ruba. Immagino che ci siano molte persone là fuori che hanno problemi a educare il proprio cane! Circa 6 mesi dopo l'uscita del mio eBook sull'addestramento, ho preso del materiale di pubblico dominio (una pubblicazione del governo degli Stati Uniti) su come viaggiare con il proprio cane. Ho cambiato un po' la formulazione e ho aggiunto qualche mia frase. A proposito, si tratta di un'opera derivata in quanto il prodotto finito è derivato dal materiale originale di pubblico dominio.

Quando ho finito questo eBook, è diventato una piccola guida turistica per cani completa di descrizioni e numeri verdi di prenotazione di hotel e motel pet-friendly in tutti gli Stati Uniti. L'ho proposto agli amanti dei cani della mia mailing list, la maggior parte dei quali aveva acquistato il mio precedente eBook (per saperne di più sulle mailing list, più avanti nel libro - sono uno strumento di marketing fantastico!) e ho dato loro un link che li ha mandati alla pagina di vendita (parleremo anche di questo più avanti) dell'eBook. Circa il 45% della mia mailing list ha acquistato questo piccolo libro al prezzo di 19,95 dollari, e si trattava di informazioni gratuite che avrebbero potuto trovare da soli, ma che hanno scelto di non fare per un motivo o per l'altro.

Penso che sarai d'accordo con me sul fatto che le vacanze e la pulizia della casa non sono affatto la stessa cosa! Tuttavia, entrambi gli argomenti hanno risposto a un bisogno nella vita di questi proprietari di animali. Il motivo per cui sono andato un po' fuori tema è per farti notare che se non mi fossi avventurato fuori dalla mia nicchia di mercato dell'addestramento dei cani, non avrei continuato a vendere la mia guida turistica per cani. Non limitarti! Per ogni argomento su cui scegli di scrivere un prodotto informativo, cerca di pensare fuori dagli schemi. Sii creativo e vedrai crescere i tuoi profitti!

Ok, ora torniamo al lavoro. Devi scegliere un argomento per il tuo prodotto informativo. Noterai che nel mio libro sulle vacanze con il cane ho utilizzato i metodi di ricerca citati in questo libro e anche materiale di pubblico dominio. Ho usato Google per trovare gli indirizzi e i numeri di telefono di hotel e motel che accettavano animali domestici. Ho letto le recensioni dei viaggiatori su queste strutture e poi ho riassunto ciò che avevo letto con parole mie per creare i miei elenchi. Il materiale di dominio pubblico e Google, o qualsiasi altro motore di ricerca, funzionano bene insieme.

Dove trovare le informazioni di pubblico dominio

Esistono diverse risorse online dove puoi trovare i libri, le brochure e la letteratura di pubblico dominio che utilizzerai per creare il tuo eBook. Ecco un elenco di alcune delle migliori.
- Progetto Gutenberg
www.gutenberg.org Un ottimo punto di partenza, in quanto tutti i materiali sono stati rigorosamente controllati per verificare l'assenza di copyright.
- Ibiblio
www.ibiblio.org è "la biblioteca e l'archivio digitale del pubblico". Ci sono molte buone scelte di prodotti informativi qui.
- Molti libri
www.manybooks.net Ci sono più di 20.000 eBook disponibili gratuitamente. Dai un'occhiata alla bella collezione di libri "come fare". Un eBook su come fare è quasi sempre un ottimo prodotto!

La maggior parte, se non tutti, i libri di Ibiblio.org e Manybooks.net sono di pubblico dominio. Ma non potrò mai sottolineare abbastanza la necessità di assicurarti che qualsiasi opera tu decida di utilizzare non sia protetta da alcun copyright. Nel 1998 è stata approvata una nuova legge chiamata Sonny Bono Copyright Term Extension Act, o in breve CTEA.

Questa legge è nata da un'idea del defunto deputato californiano Sonny Bono, lo stesso Sonny Bono che negli anni '60 e '70 faceva coppia con Cher nel duo canoro Sonny e Cher. Sonny morì in un incidente sugli sci poco prima che la legge entrasse in vigore, quindi non poté mai vedere i frutti del suo lavoro al Congresso. In pratica, la legge ha aggiunto 20 anni alla maggior parte degli oggetti coperti da copyright. Non ci saranno nuove opere che si aggiungeranno a quelle già di pubblico dominio fino al 2019. Quindi, fai molta attenzione e controlla tutto il materiale di pubblico dominio con cui lavorerai.

Scegliere il soggetto

Scegli il tuo argomento con cura. Ricorda che ci sono molti eBook di prodotti informativi in giro per il cyberspazio, ma la loro qualità varia notevolmente. Il tuo si distinguerà per la qualità del materiale che verrà incluso e per la prospettiva nuova e unica che darai all'argomento.

Alcuni argomenti non rischiano mai di essere superati. Altri sono decisamente stantii! Come puoi sapere che l'argomento di cui stai pensando di scrivere sarà una lettura fresca e interessante per i tuoi clienti? Un modo per farlo è adottare un approccio sistematico.

Per prima cosa devi stilare una lista. Puoi farlo al computer o con carta e penna. Io sono una di quelle persone che riesce a pensare meglio se fa le cose alla vecchia maniera, quindi tendo a usare un quaderno che chiamo "libro delle idee" per annotare i pensieri che mi vengono in mente.

- Fai un elenco di tutte le cose che ti interessano e di cui sai qualcosa.

- Fai un elenco delle cose che ti interessano di nuovo, ma di cui non sai molto.

Con l'elenco in mano (o sullo schermo del computer!) fai qualche ricerca per scoprire - Se le persone hanno cercato o meno qualcosa di nuovo.

- Se le persone hanno cercato informazioni sull'argomento di recente.

- Se le persone che hanno cercato queste informazioni sono disposte a pagare per averle e se sono in grado di pagare il prezzo che pensi possa valere il tuo prodotto informativo finito. Per saperne di più sul prezzo del tuo prodotto, vai più avanti in questo libro.

- Se la domanda di queste informazioni è già stata soddisfatta o meno, in base a quanti eBook contenenti questo argomento sono già presenti sul mercato. Ricorda anche che c'è la possibilità che la domanda di queste informazioni sia già stata superata. Se così fosse, sarebbe inutile scrivere un altro eBook sullo stesso argomento.

Idealmente, l'articolo che stai pensando di scrivere soddisfa tutti e tre i criteri sopra elencati. Se così non fosse, dovrai scegliere un altro articolo che lo soddisfi.

Come puoi capire se le persone hanno cercato informazioni su un determinato argomento? Fortunatamente è abbastanza facile da fare. Esistono diverse fonti online che possono aiutarti a determinare se la tua idea di articolo è valida.

Wordtracker è uno strumento gratuito di suggerimento di parole chiave molto utile. Basta digitare una parola che si riferisce al tuo articolo provvisorio. Supponiamo che tu abbia deciso di scrivere un eBook su come evitare un divorzio. Se digiti la parola chiave "divorzio" su Wordtracker, otterrai fino a 100 parole chiave correlate alla parola originale E una stima del volume di ricerca giornaliero di queste parole chiave. Su Wordtracker è presente anche un filtro per adulti che puoi scegliere di utilizzare o meno. Ad esempio, ecco la top ten dei risultati ottenuti da me. Nota che queste informazioni cambiano ogni giorno!

Ricerche Parola chiave
293 divorzio shaq
2134 divorzio
996 divorzio hulk hogan
669 divorzio john denver
519 marie osmond divorzio
466 garth brooks divorzio
447 divorzio di Lionel Ritchie
412 registri pubblici di divorzio
387 registri dei divorzi
384 leggi statali sul divorzio

Cosa possiamo dedurre da questi risultati molto interessanti e piuttosto sorprendenti? Come puoi vedere, i divorzi delle celebrità sono HOT. Un eBook che contenga informazioni sui divorzi delle celebrità che sono popolari nel momento in cui scrivi il tuo eBook venderebbe molto bene. Dovresti semplicemente fare delle ricerche e raccogliere queste informazioni dal web, compilarle e metterle sotto forma di eBook. Non hai bisogno di materiale di dominio pubblico per farlo.

Sembra che ci sia interesse anche per le leggi statali sul divorzio. Un prodotto informativo che contenga un elenco delle leggi sul divorzio per ciascuno dei 50 stati, per alcuni paesi del mondo o per entrambi sarebbe molto popolare. In questo caso il materiale di dominio pubblico sarebbe molto utile, poiché esistono pubblicazioni governative di dominio pubblico che contengono queste informazioni già compilate per te.

Inoltre, sono state effettuate numerose ricerche sulla sola parola "divorzio": 387 in un periodo di 24 ore. Questa è una prova sufficiente del fatto che il tuo articolo originale - come evitare un divorzio - è molto probabilmente un argomento su cui le persone sarebbero interessate ad acquistare un eBook.

L'URL del sito web di Wordtracker è:
http://freekeywords.wordtracker.com/

Un'altra fonte che puoi utilizzare per verificare la freschezza di un articolo è l'indice di Yahoo Buzz all'indirizzo http://buzz.yahoo.com/. Yahoo Buzz è una raccolta delle storie più popolari di tutta la rete, scelte da persone che potrebbero essere clienti del tuo prodotto informativo. Le storie più popolari possono riguardare:

- intrattenimento
- sport
- notizie dal mondo
- affari
- salute
- stile di vita
- politica
- viaggi
- scienza e tecnologia

Yahoo Buzz aiuta quasi tutti gli argomenti di interesse per le persone ed è un luogo ideale non solo per verificare la pertinenza del tuo articolo, ma anche per dare il via a un'idea da sviluppare in un prodotto informativo.

5 - CONCENTRARSI SULL'ARGOMENTO

Una delle regole più importanti per scrivere un eBook è quella di concentrarsi esclusivamente sull'argomento da trattare. Se avessi acquistato un prodotto informativo su come evitare un divorzio, non ti aspetteresti di veder comparire nel testo una ricetta per la pasta da gioco per bambini, vero? Certo che no! Le persone che acquisteranno il tuo eBook non vogliono perdere tempo con informazioni irrilevanti per l'articolo. Hanno pagato i loro soldi per leggere una cosa sola! Sono alla ricerca di soluzioni ai loro problemi o di una risposta alla domanda che li tormenta - e vogliono queste soluzioni e risposte il più velocemente possibile!

Devi assolutamente essere specifico con il tuo argomento

Quanto più specifico è l'argomento, tanto più facile sarà per te sederti e scrivere sugli articoli di cui le persone desiderano sapere di più. Inoltre, un articolo preciso porterà più persone a te quando sarà il momento di commercializzare il tuo eBook. Il pubblico a cui ti rivolgi ti troverà su internet facendo una ricerca per una parola chiave o una frase chiave che, per loro, è pertinente all'articolo. Se qualcuno cercasse informazioni sulla fabbricazione di candele, ad esempio, andrebbe su un motore di ricerca e digiterebbe - "Come fare le candele".

"Come fare le candele", che è un termine di ricerca molto specifico e che porterà il tipo di risultati che sta cercando.

Se invece digitasse il termine di ricerca "artigianato", potrebbe trovare delle istruzioni su come fare le candele, ma queste istruzioni sarebbero mescolate a tante altre istruzioni per fare il sapone, le perline, il decoupage, la pittura su legno e tante altre! Hanno scelto un termine di ricerca troppo ampio e probabilmente interromperebbero la loro ricerca con disgusto dopo una o due pagine di risultati se non avessero trovato quello che stavano cercando.

È una sensazione inebriante prendere un'idea nata nella tua testa e crearne un prodotto informativo senza le restrizioni e le regole che dovresti rispettare se stessi scrivendo un libro da sottoporre a una casa editrice. Scrivere i tuoi prodotti ti dà un senso di libertà e creatività come nessun altro.

La qualità è fondamentale

Spesso, da persona che ha prodotto molti prodotti informativi, mi sento come se capissi meglio come reagiscono le persone che hanno creato alcuni dei miei brani musicali preferiti la prima volta che sentono una delle loro canzoni alla radio. La vista del mio primo prodotto informativo, completo di illustrazioni e di una copertina luminosa e colorata, mi ha quasi fatto piangere! Vedere il risultato del mio lavoro come prodotto finito e sapere che le mie parole avrebbero aiutato qualcun altro mi ha fatto venire voglia di iniziare subito un altro progetto!

Ma come scrittori di eBook, io e te abbiamo una responsabilità nei confronti dei nostri clienti. I clienti stanno sborsando i loro soldi guadagnati duramente nella speranza di ottenere delle risposte, quindi vuoi che si sentano soddisfatti di ciò che hanno ricevuto in cambio del loro denaro.

Questo significa che dobbiamo creare un prodotto di alta qualità, altrimenti tutto il nostro lavoro sarà stato inutile. Ogni volta che sviluppo un prodotto informativo, voglio che le persone che lo acquistano si sentano come se avessero ottenuto delle informazioni che non avrebbero potuto ottenere da nessun'altra parte, informazioni diverse da quelle che hanno visto in precedenza e che potrebbero modificare in meglio la loro vita.

Quando utilizzi materiale di dominio pubblico, è molto probabile che le informazioni che i tuoi clienti leggeranno con ansia siano informazioni che non hanno potuto trovare altrove. Sicuramente avrai sentito parlare della "saggezza dei tempi".

Alcuni di questi vecchi libri e articoli di dominio pubblico contengono informazioni senza tempo che sono ancora perfettamente fresche e utili nel mondo di oggi. Spesso, più le informazioni sono vecchie e meglio è, perché il cambiamento dei tempi e dei modi di fare ha fatto sì che alcuni dei vecchi metodi di vita e di tradizione siano caduti in disuso.

Quindi, è sufficiente dire che vuoi che il tuo eBook sia studiato a fondo e che sia una risorsa preziosa per chiunque lo legga. Potresti non pensare che sia necessario fare ricerche su materiale di pubblico dominio. Alcuni autori di prodotti informativi lo fanno, altri no. Io sono uno di quelli che fa ricerche su tutto ciò che estrae dalle profondità del dominio pubblico e ti spiego perché.

Il potere della ricerca

Voglio assicurarmi che l'autore del materiale di pubblico dominio che sto utilizzando abbia avuto idee che si adattano al pensiero generale del pubblico di oggi, o che non siano così fuori strada da essere considerate come consigli utili, invece di essere considerate una stranezza o qualcosa di nostalgico, come "di altri tempi".

Deve sembrare fresco, anche se è vecchio. Ci sono modi in cui puoi dare un tocco di modernità ad alcune informazioni, che le "rinfrescheranno" un bel po', ma altre informazioni devono essere considerate con attenzione.

Ecco un esempio su cui riflettere. Supponiamo che io abbia deciso di realizzare un prodotto informativo sui consigli per la casa. Sto compilando le informazioni di economia domestica che ho trovato nelle varie pubblicazioni governative degli anni '30, '40 e '50. È un compito piacevole, in quanto le informazioni sono molto più dettagliate. È un compito piacevole perché l'argomento mi interessa e sto imparando alcune cose mentre lavoro. Mi imbatto in un paragrafo sulla cura dei mobili.

Come ben sai, a quei tempi i mobili erano quasi tutti in legno massiccio. Mogano, palissandro, quercia... legni buoni e VERI, non come le nostre creazioni in truciolato e laminato di oggi! Quindi, quando ho letto la frase sull'oliatura dei mobili, mi sono soffermato a riflettere.

Non ho mai sentito parlare dell'oliatura dei mobili, né mi è stata insegnata durante la mia infanzia, quando mi hanno insegnato a tenere la casa. Decido quindi di cercare su Google questo articolo per vedere cosa viene fuori e scopro che il legno e l'olio vanno d'accordo. Infatti, il vero legno assorbe l'olio come una pianta d'appartamento assorbe l'acqua! Le persone hanno strofinato l'olio sui loro mobili per evitare che si seccassero e si rompessero e per preservarne la lucentezza e la vita utile.

A quanto pare, questo metodo funziona bene, altrimenti non avremmo i mobili antichi presenti oggi nel mondo. Ma se dovessi provare ad applicare l'olio, ad esempio, su un centro di intrattenimento acquistato da un grande magazzino che NON è fatto di legno, ti ritroveresti semplicemente con un pasticcio oleoso da ripulire!

Se dovessi includere questo suggerimento nel tuo eBook, i tuoi clienti lo leggerebbero e probabilmente penserebbero: "Eh?", a meno che non siano proprietari di mobili antichi e quindi conoscano questa operazione. Questo consiglio non verrebbe considerato per nulla fresco o attuale. Tuttavia, il consiglio successivo che ho trovato nel materiale di dominio pubblico sembrava essere qualcosa che avrei potuto adattare ai mobili di oggi.

"Per rimuovere i segni d'acqua dai piani dei tavoli in legno e da altri mobili lasciati dai bicchieri di tè freddo e di altre bevande fredde, prendi due cucchiai della tua migliore maionese (questo ai tempi in cui le persone si facevano la maionese da sole!) e spalmala sull'anello d'acqua, aiutandola completamente.

Metti un tovagliolo di lino (niente tovaglioli di carta o asciugamani!) sopra la maionese per assicurarti che l'area rimanga umida. Dopo 6 ore, ma preferibilmente durante la notte, elimina la maionese. L'anello della macchia d'acqua sarà scomparso, poiché la maionese è stata assorbita dall'anello, eliminando il colore bianco e ripristinando la tonalità naturale del legno".

Dal momento che alcuni dei mobili di oggi hanno un TOP di legno autentico mentre il resto della costruzione è costituito da pannelli pressati o truciolati, questo consiglio per la casa sarebbe ancora pertinente per le donne e gli uomini di oggi e potrebbe essere inserito in un eBook di consigli per la casa.

Questi consigli, tuttavia, non possono essere modernizzati in alcun modo e non sarebbero utili a meno che non si scriva un eBook intitolato "Strani consigli casalinghi dalla cucina della nonna" o qualcosa di simile.

"Per eliminare il fumo e gli odori di tabacco da una stanza, riempi d'acqua un secchio in cui hai messo un paio di manciate di fieno. Posiziona il secchio al centro della stanza maleodorante".

"Immergi un asciugamano in una miscela di metà aceto bianco e metà acqua calda. Strizza l'asciugamano e fallo ruotare vigorosamente intorno alla testa più volte finché il fumo e gli odori del tabacco non avranno lasciato la stanza in questione". "

Non so tu, ma io non vedo alcun modo di modificare questi "consigli" per utilizzarli nelle case di oggi! Nessuno di questi consigli sarebbe una risorsa preziosa per le casalinghe di oggi.

Ecco perché devi pensare alle informazioni che inserisci in un eBook. Devi leggerlo con gli occhi di qualcun altro invece che con i tuoi. Sarai sorpreso di quante volte questo piccolo esercizio ti aiuterà a vedere parti del tuo eBook che sarebbe meglio eliminare.

6 - TUTTO SULLA TUA LETTERA DI VENDITA

Una delle cose principali che la tua lettera di vendita deve fare è convincere il pubblico che le informazioni che hai raccolto valgono i soldi che ti pagheranno. Perché è necessario? Perché, volente o nolente, la concorrenza non mancherà e dovrai dimostrare al tuo pubblico che il tuo testo è quello che sta cercando.

La concorrenza è inevitabile e non c'è altro da aggiungere. Se non lo sai, digita una parola chiave comune e popolare come "cucina". Vedi quanti siti di cucina e/o di ricette ci sono online? Ora digita i termini di ricerca "eBook di cucina" e guarda cosa viene fuori.

Incredibile, vero? Per una persona che non conosce bene il funzionamento del mercato dei prodotti informativi e di Internet, un elenco del genere la scoraggerebbe dal tentare di creare e commercializzare un eBook. Molte informazioni sulla cucina e sulle ricette sono gratuite sul web, quindi perché qualcuno dovrebbe pagare per averle... giusto?

Sbagliato. I libri di cucina sono tra i prodotti informativi più venduti in assoluto. Le persone che si occupano della creazione e del marketing dei libri di cucina sono in competizione tra loro, ma riescono ad andare d'accordo in modo abbastanza pacifico.

Io stesso mi sono dilettato a scrivere libri di cucina e l'ultima volta che ho controllato, esisteva un gruppo Yahoo per chi scrive eBook di cucina e ricette! Discutono di consigli sul marketing, la formattazione, l'editing, la scrittura di una lettera di vendita che raggiunga e catturi il cliente e altri consigli per il successo.

Perché vanno così d'accordo? Pensa a tutti i diversi tipi di ricette che esistono! Anche se tutte queste persone scrivono eBook di ricette e sono in competizione tra loro, si tratta di una competizione amichevole, anche se le informazioni utilizzate per scrivere questi eBook sono molto simili.

Potresti scoprire che la stessa cosa sta accadendo con uno o più dei tuoi eBook, soprattutto se hai scelto di non utilizzare materiale di dominio pubblico e di lavorare partendo da una tua idea con qualche ricerca sui motori di ricerca.

Anche se la tua scrittura è frizzante e spiritosa, anche se le tue informazioni sono fresche e attuali e anche se stai facendo qualche vendita, le cose non stanno andando bene come pensavi.

Quando mi è successo, all'incirca nel periodo in cui il mio primo prodotto informativo è stato immesso sul mercato, mi sono spinto ad acquistare diversi eBook con lo stesso argomento del mio.

Stavo "controllando la concorrenza", per così dire. Questi eBook non erano a buon mercato (in quel periodo ho scoperto di aver sottovalutato il mio primo prodotto informativo - per saperne di più sul prezzo, vedi più avanti nel libro!

Fai come dico io, non fare come faccio io! Ero così ansioso di vedere gli eBook dei miei concorrenti che ho trascurato di prestare attenzione alle pagine delle lettere di vendita che li accompagnavano. Nella fretta ho cliccato sul pulsante "Compra ora" e ho scaricato l'eBook in quel momento o ho aspettato che mi venisse recapitato nella mia e-mail. Quando mi sono seduto a sfogliare i miei acquisti, sono rimasto più che sorpreso.

Avrai notato che non ho detto di quale argomento trattava il mio primo prodotto informativo e c'è un motivo. Non voglio richiamare l'attenzione degli autori di queste opere, che di tanto in tanto continuano a produrre e vendere prodotti informativi sullo stesso argomento. Se menzionassi l'argomento, potrebbe essere troppo facile per le persone capire di quali autori sto parlando.

Ho cliccato su diverse pagine di testo con stupore. Non mi sto vantando, ma l'eBook che avevo scritto era di gran lunga migliore, sia nel contenuto che nello stile. Non riuscivo a capire perché le mie vendite fossero così lente, mentre quelle del mio concorrente mi sembravano piuttosto vivaci. Pensando che forse avrei capito il motivo se fossi tornato alle pagine web dove avevo acquistato gli eBook, lo feci e questa volta prestai attenzione alla pagina della lettera di vendita che accompagnava ogni eBook.

A quel punto tutto è scattato nel mio cervello e tutto ha avuto improvvisamente un senso. Il motivo per cui il mio eBook non vendeva bene, mentre gli eBook dei miei concorrenti andavano piuttosto bene, era la PAGINA DI VENDITA e nient'altro. Rispetto alla mia pagina di lettera di vendita, quelle dei miei concorrenti erano opere d'arte.

Sembravano dimostrare senza ombra di dubbio che le informazioni contenute negli eBook che rappresentavano erano la Bibbia e il Santo Graal delle informazioni su quel particolare argomento, tutto in uno! Mi chiedevo se fossi l'unico cliente deluso dalla qualità degli eBook acquistati.

Se, come la maggior parte delle persone (e io non l'ho fatto), hai deciso di acquistare in base alle parole della lettera di vendita, quando hai iniziato a leggere l'eBook hai subito un brusco shock. Gli eBook che i miei concorrenti avevano scritto avevano delle lettere di vendita che svolgevano perfettamente il loro lavoro e come previsto - facevano vendere i loro autori - ma non rappresentavano correttamente il prodotto informativo!

Questo è molto importante perché, come ho detto sopra, l'essenza di una lettera di vendita è dimostrare al cliente che le informazioni contenute nell'eBook in vendita valgono il prezzo pagato! In effetti, si può dire che la lettera di vendita è la chiave del successo nel settore dei prodotti informativi.

Perché le lettere di vendita funzionano (e perché non funzionano)

Mi fermo qui e ti fornisco alcuni dati sul business dei prodotti informativi che è bene che tu conosca subito.

Come dice la citazione (alcuni sostengono che l'abbia detta Abraham Lincoln, mentre altri attribuiscono il merito al poeta John Lydgate) "Puoi accontentare alcune persone per tutto il tempo e tutte le persone per qualche volta, ma non puoi accontentare tutte le persone per tutto il tempo".

Alcuni clienti penseranno che la tua lettera di vendita è troppo lunga e che c'è troppo accumulo. Potrebbero anche dire che la lettera è troppo impegnativa. Se accorci la lettera di vendita, altri clienti diranno che è troppo breve e che non fornisce abbastanza informazioni per aiutarli a decidere di acquistare l'eBook. Se cerchi una via di mezzo e scegli una lettera di vendita di media lunghezza, alcuni si lamenteranno comunque della lunghezza.

Inoltre, ti ritroverai ad essere il destinatario di alcune email piuttosto irate e lamentose da parte di persone che faranno una di queste tre cose: - lamentarsi del prezzo che stai pagando.

- Lamentarsi del prezzo che stai facendo pagare per il tuo prodotto informativo.

OPPURE

- Ti chiedono se puoi fare un'eccezione "solo per questa volta" e regalare loro una copia del tuo eBook.

OPPURE

- Contestare le tue informazioni perché nessuno regalerebbe informazioni "buone" gratuitamente (questo accade quando regali un eBook come incentivo per l'acquisto di un altro prodotto informativo).

Non riuscirai a sfuggire a persone di questo tipo. Fanno parte della razza umana e quindi sono qui sulla terra per restare. Puoi scegliere di rispondere a queste e-mail sottolineando gentilmente che nessuno sta puntando loro una pistola alla testa per costringerli ad acquistare, spiegando che se hai fatto un'eccezione "solo una volta" ti sentirai come se dovessi farlo ancora e ancora, oppure chiedendoti le fonti per dimostrare che le tue informazioni sono "cattive".

Per ribadire che la tua lettera di vendita deve piacere a TE. Deve contenere le informazioni che ritieni necessarie per far capire al tuo potenziale cliente perché dovrebbe acquistare il tuo prodotto informativo. Ricorda inoltre che potrai utilizzare la stessa lettera di vendita per tutta la durata del prodotto informativo per cui è stata scritta.

Trova un punto di vista

Devi pensare al punto di vista in cui si trova la persona che sta leggendo la tua lettera di vendita nel momento in cui la legge. 9 persone su 10 avranno un solo pensiero in testa mentre leggono: "Cosa ci guadagno?". Sembra orribile pensare che le persone siano così avide, ma è la verità. Si prendono il tempo di leggere la tua lettera di vendita perché sono alla ricerca di una soluzione a un loro problema e pensano che il tuo eBook abbia la soluzione. Invece di accennare ai contenuti del tuo eBook, spiega alle persone cosa possono fare per loro le informazioni contenute nell'eBook.

Un modo per far capire questo concetto potrebbe essere quello di raccontare nella tua lettera di vendita come le informazioni contenute nell'eBook hanno aiutato TE a superare un problema nella tua vita e cosa speri che anche altre persone possano fare con queste informazioni. I clienti che sono alla ricerca di risposte risponderanno a questo modo di procedere, in quanto conferisce alla lettera di vendita un tocco più "umano".

Un altro modo potrebbe essere quello di distribuire una copia gratuita a diverse persone della tua mailing list e chiedere in cambio una testimonianza. Dì loro che vorresti usare la loro testimonianza per promuovere l'eBook. Questo viene fatto spesso nel mondo degli eBook. Ho accettato un'offerta del genere da parte di diversi colleghi e in cambio ho ottenuto ancora più pubblicità per i miei prodotti informativi.

pubblicità per i miei prodotti informativi perché sotto la mia testimonianza c'è un link al mio sito web dove le persone possono andare a vedere e acquistare i miei prodotti.

Una cosa è certa riguardo alle lettere di vendita ed è una verità che non cambierà presto. Non esiste la lettera di vendita perfetta e non esiste la lettera di vendita imperfetta. Esistono solo lettere di vendita efficaci e non efficaci.

Ora andiamo a scoprire come creare una lettera di vendita efficace!

Inizia la tua lettera di vendita facendo capire al cliente che hai affrontato il suo problema. Che si tratti di perdere peso in modo duraturo, di gestire il dolore, di smettere di fumare, di eliminare l'alito cattivo, di sconfiggere lo stress sul posto di lavoro o di altri problemi, entra in empatia con il tuo pubblico!

Parlagli come se fossero seduti con te a cena e tu fossi coinvolto in una conversazione a tu per tu con loro. Racconta loro le tue esperienze personali con

- Cercare, senza riuscirci, di perdere venti chili prima della riunione di classe.

- Combattere un attacco di artrite durante la tua ultima vacanza che ti ha impedito di goderti il viaggio.

- Smettere di fumare per una settimana e poi riprendere il vizio.

- Il dolore e l'imbarazzo di sentirti dire dai tuoi figli che il tuo alito ha lo stesso odore di quello del cane, nel bel mezzo del supermercato, a voce alta.

- Il fatto che al lavoro sei talmente stressato che a volte ti infili in bagno per un pianto veloce per scaricare la tensione.

Ricerca, non inventare!

Ecco un punto importante. Se stai scrivendo di un problema che NON hai mai sperimentato, dovrai fare più ricerche. Le informazioni di dominio pubblico sono voluminose e di solito esaurienti, ma mancano di quel tocco umano, di quell'emozione umana che deve saltare fuori dalla tua lettera di vendita e arrivare alla mente e al cuore dei tuoi lettori. Dovrai trovare qualcuno che abbia vissuto in prima persona la stessa situazione, in modo da poter comprendere meglio il problema e il motivo per cui è così importante che venga alla luce una soluzione.

Non c'è bisogno di dire che non devi inventare i problemi che hai avuto per risparmiare tempo di scrittura. Non saranno vere. Le persone che hanno realmente avuto il problema saranno sicuramente in grado di capire la differenza se dici qualcosa come,

"Desideravo così tanto una sigaretta che non sapevo cosa fare. Ho deciso di fumarne una, anche se mi sentivo in colpa prima di accenderla".

invece di

"Non riuscivo a pensare ad altro che a una sigaretta. Le mie mani tremavano al pensiero di aprire un pacchetto nuovo, tirare fuori una sigaretta, metterla in bocca e accenderla. Non ce la facevo più. Andai dove avevo nascosto un pacchetto di sigarette all'inizio della settimana, lo tirai fuori e lo aprii in fretta. Ne avevo una in bocca a tempo di record. Ma poco prima di accenderla, un'ondata di senso di colpa mi ha investito e sapevo che non avrei dovuto fumarla. Ma la dipendenza da nicotina ha avuto la meglio e l'ho fumata".

Quale di questi paragrafi ti sembra più adatto a una persona che sa cosa significhi cercare di smettere di fumare? Se hai indovinato il secondo, allora congratulazioni. Ma era abbastanza ovvio, no? Questo tipo di emozione cruda è ciò che dovrai catturare per ogni problema di cui scrivi per far capire al lettore che capisci cosa sta passando nel tentativo di controllare il suo problema. Anche se la tua storia è dolorosa da raccontare o ti imbarazza completamente, raccontala. Usa quanti più dettagli possibile per trasmettere i sentimenti di disperazione che questi problemi possono provocare.

Ma dove puoi trovare persone che hanno problemi di vario tipo se vuoi scrivere di un problema che non hai mai avuto?

Su internet ci sono diversi luoghi in cui puoi trovare forum online in cui le persone parlano di tutto e di più. Non c'è niente di male a curiosare in questi forum e a leggere i post. In questo modo puoi raccogliere una grande quantità di informazioni che possono esserti utili non solo per la tua lettera di vendita, ma anche per il tuo eBook.

Come puoi scoprire quali argomenti vengono discussi in questi forum?

- Boardreader.com è una vera e propria oasi di informazioni a tema. Effettua una ricerca rapida e concisa per qualsiasi termine inserito nella casella di ricerca e ti suggerisce anche come affinare i risultati. I risultati ottenuti includono anche il nome e il link al forum in cui si svolge la discussione. Leggendo le appassionate discussioni che si svolgono su questi forum puoi farti un'idea di quasi tutti i problemi! Altri link che ti permettono di consultare i post dei forum sono i seguenti.

- Forumzilla.com è simile a Boardreader in quanto devi digitare la parola che stai cercando nella casella di ricerca. Forumzilla non sembra fornire lo stesso numero di risultati di Boardreader, ma è utile nel caso in cui tu debba cercare di leggere altri forum oltre a quelli aiutati da Boardreader.

Se il problema di cui hai deciso di scrivere è un problema che hai riscontrato tu stesso, puoi decidere di partecipare a uno dei forum e discuterne con altri. In questo modo, potrai fare domande che ti saranno utili per la tua pagina di vendita. Più la tua lettera di vendita è credibile, più vendite otterrai dalle persone che la leggono.

Probabilmente lo hai già fatto quando hai fatto le ricerche per il tuo eBook, o forse ti sei concentrato sui siti web con informazioni sul problema di cui stai scrivendo piuttosto che sulle lettere di vendita di coloro che vendono prodotti informativi sullo stesso argomento. In altre parole, la tua concorrenza.

Ricerca la concorrenza

Leggi attentamente le lettere di vendita. Cosa promettono di fare le loro informazioni? Sembra che conoscano bene il problema? Fanno pagare le informazioni o le regalano per l'acquisto di un altro prodotto informativo che vendono? Puoi imparare qualcosa da queste lettere di vendita su ciò che dovresti o non dovresti inserire nella tua lettera?

Torniamo ora alla tua lettera di vendita. Le informazioni sono informazioni, lo sai. Ad esempio, c'è un solo modo per smettere di fumare. Basta smettere, ma ci sono diversi metodi comunemente utilizzati per aiutare i fumatori a smettere. Ci sono diversi modi per fermare lo stress sul posto di lavoro e anche diversi modi per sconfiggere l'alito cattivo. In che modo il tuo prodotto informativo è diverso dagli altri presenti sul mercato? Che tipo di tocco hai dato alle informazioni per renderle uniche?

Hai delle informazioni nuove che i tuoi clienti non hanno mai visto prima? Assicurati di sottolineare che le tue informazioni sono fresche, ben studiate e accurate. Nella tua lettera di vendita, spiega ai tuoi potenziali clienti perché le tue informazioni sono diverse e cosa possono fare per loro. Racconta cosa hanno fatto queste informazioni per TE. Sottolinea come la tua vita sia cambiata perché hai applicato le informazioni che offri nel tuo eBook a un tuo problema. Parla di quanto sia meraviglioso vivere senza quel problema e sapere di avere la chiave per risolverlo se dovesse ripresentarsi!

Racconta quanto hai cercato una soluzione al tuo problema su internet. Racconta di come hai trascorso ore e ore nel tentativo di trovare qualcosa, qualsiasi cosa che potesse aiutarti. Racconta di come hai ordinato altri eBook trovati online che avrebbero dovuto aiutarti a risolvere il problema, per poi scoprire che le informazioni in essi contenute erano obsolete o non funzionavano. Sottolinea che nulla di ciò che hai provato ha aiutato il tuo problema FINO a quando non hai scoperto le informazioni contenute nel tuo eBook.

Non regalare mai le tue informazioni!

Puoi parlare delle informazioni, ma ovviamente non rivelare di cosa si tratta nella lettera di vendita! Puoi invece parlare "intorno" alla soluzione del tuo problema, dare suggerimenti, ecc. ma non rivelare mai la vera "carne" del tuo eBook.

Forse il punto più importante per una lettera di vendita è proprio questo.

Di' ai tuoi potenziali clienti che le informazioni contenute nel tuo eBook possono aiutarli a risolvere il loro problema ORA. Questo è fondamentale per il successo del tuo prodotto informativo! Le persone che hanno problemi che le attanagliano non vogliono aspettare più del dovuto per risolvere i loro problemi. Se riesci a inserire nella tua lettera di vendita una o due frasi che diano speranza ai tuoi potenziali clienti, allora la battaglia per convincerli ad acquistare il tuo prodotto è già a metà dell'opera!

- Vuoi che i tuoi potenziali clienti sappiano che comprendi il loro problema.

- Non devi necessariamente apparire come un esperto (anche se questo non guasta), ma come una persona sincera e credibile in ciò che ha detto riguardo al problema.

- Vuoi sottolineare ai tuoi lettori che il TUO prodotto è quello che può aiutarli a controllare e/o a liberarsi del loro problema.

Puoi fare tutte e tre queste cose scegliendo con cura le parole con cui inizierà la tua lettera di vendita. Queste parole sono probabilmente la prima cosa che i tuoi potenziali clienti vedranno e devono attirare l'attenzione dei lettori in modo che continuino a leggere e non clicchino sulla tua pagina per andare a fare qualcos'altro.

Devi scegliere una o due frasi chiare e concise per il tuo titolo, e le frasi o le frasi DEVONO catturare i tuoi potenziali clienti e interessarli a continuare a leggere!

Frasi come

"Hai provato più volte a cacciare il demone della nicotina dalla tua vita, ma hai fallito e sei tornato a fumare? Con il metodo qui descritto, potrai diventare un ex fumatore molto prima di quanto tu abbia mai sognato!".

Funziona molto meglio di questa frase, per quanto veritiera.

"Smetti di fumare ora in modo facile!"

Poi, racconta la tua storia. Racconta come questo problema sia stato devastante per te, come abbia reso la tua vita infelice e come ci siano stati momenti in cui non eri sicuro di farcela perché il problema aveva iniziato a controllare la tua vita. Scoprirai che le persone si identificheranno con te quando inizierai la tua lettera di vendita in questo modo.

Maggiori informazioni sulla tua lettera di vendita, la chiave del tuo successo, nel prossimo capitolo!

7 - ALTRE INFORMAZIONI SULLA SCRITTURA DELLA LETTERA DI VENDITA

In questo capitolo continuiamo la nostra carrellata su come scrivere una lettera di vendita che faccia vendere il tuo eBook. Abbiamo concluso l'ultimo capitolo descrivendo come il problema di cui stai scrivendo, che ti ha rovinato la vita, farà sì che i tuoi potenziali clienti sentano un legame con te. Quando credono che tu capisca quello che stanno passando, si forma un legame invisibile tra te e loro. Ed è anche un legame piuttosto forte. Le persone con problemi di un tipo o dell'altro sono spesso, e purtroppo, sole.

Crea un senso di parentela con il lettore

Non ti suggerisco mai di sfruttare la solitudine di qualcuno e, a dire il vero, non è quello che stai facendo qui. Ma è provato che le persone sole spesso cercano altri con cui condividere la loro solitudine. Quando si rendono conto che capisci i loro problemi, spesso si sentono come se fossi anche loro amico.

Questo non fa mai male! Infatti, ancora oggi mando e-mail a diverse persone meravigliose che ho conosciuto perché mi hanno scritto per ringraziarmi delle informazioni che ho reso pubbliche in un eBook che ho scritto un paio di anni fa. Un sentimento di parentela è sempre utile per guadagnare la fiducia di qualcuno, e la fiducia del tuo pubblico è ciò che stai cercando di ottenere.

Approfondisci il fatto che hai provato altri eBook per risolvere il tuo problema. Racconta di come avevi grandi speranze ogni volta che ne hai acquistato uno diverso, per poi vederle deluse quando le informazioni non hanno funzionato. In questo modo il tuo potenziale cliente capirà due cose.

- Sai come ci si sente quando si acquista un prodotto informativo e poi non funziona. Penseranno che, visto che è successo a te, non vorrai infliggere la stessa sensazione a chi potrebbe acquistare l'eBook che stai vendendo.

- Dal momento che hai provato altre strade su internet, come l'acquisto di prodotti informativi di altre persone per cercare di risolvere il tuo problema, la ricerca di informazioni su siti web e nessuna di queste strade ha funzionato per te, i tuoi potenziali clienti penseranno che non vorresti promuovere un eBook che non ha risolto il problema.

Svela qualche debolezza

Può sembrare molto controproducente, ma per rendere il tuo prodotto informativo ancora più credibile, devi scoprire e rendere noti alcuni punti deboli del tuo programma. Ecco un esempio.

Se il tuo eBook riguarda il tentativo di smettere di fumare, devi dire qualcosa del tipo

"Sebbene questo metodo per smettere di fumare sia stato quasi un miracolo per me, ammetto che a volte ho avuto bisogno di un po' di forza di volontà per superare le crisi psicologiche del non fumare".

Ammettere apertamente che le tue informazioni non sono perfette al 100% fa capire ai tuoi lettori che sei molto onesto con loro e aiuta anche a mitigare le loro aspettative che il prodotto li aiuterà senza alcuno sforzo da parte loro. Questo è importante, perché ci sarà sempre un piccolo segmento di persone che si lamenterà se un prodotto non funziona per loro.

Ammettendo che la persona che utilizza il metodo di risoluzione dei problemi potrebbe anche dover usare un po' di forza di volontà, ti salvi nel caso in cui queste persone si lamentino del fatto che le tue informazioni non le hanno aiutate. A quel punto, potrai controbattere alle loro accuse chiedendo loro come hanno utilizzato le informazioni. Non ci vorrà molto per capire chi si impegna onestamente a seguire il programma e chi invece lo fa solo a metà.

Giustificare il prezzo

Un altro aspetto che dovresti aiutare nella tua lettera di vendita è il motivo per cui il tuo eBook vale il prezzo che chiedi. Dovresti dire ai tuoi lettori che le informazioni che hai raccolto valgono molto di più del prezzo che stai chiedendo, perché sono diverse e migliori di quelle contenute negli altri eBook attualmente in commercio.

Chiedi al tuo pubblico quanto vale per loro liberarsi del problema che li affligge attualmente e sottolinea che essere liberi da un problema non ha assolutamente prezzo: non si può dare un valore monetario a qualcosa di così meraviglioso come la libertà che si prova quando un problema pressante esce dalla propria vita. Questo aiuta a rafforzare il valore del prezzo che deciderai di applicare al tuo problema informativo.

La questione dei rimborsi

Si pone anche il problema di offrire un rimborso alle persone che non sono soddisfatte del prezzo o del prodotto dopo averlo acquistato. Dovresti farlo o no? Io offro sempre l'opzione del rimborso. A volte questo può aiutarti a vendere, perché le persone hanno l'impressione di non avere nulla da perdere se hanno una garanzia di rimborso sul prodotto. Le poche volte che mi è stato chiesto un rimborso, le persone si sono mostrate molto sorprese e lo hanno fatto prontamente.

Mi hanno detto di aver acquistato altri prodotti informativi con una presunta garanzia di rimborso, ma di non aver mai visto i loro soldi quando li hanno richiesti. A me è sembrato che queste persone avessero l'abitudine di acquistare eBook e poi restituirli per ottenere un rimborso, dato che sembravano avere molta dimestichezza con le procedure per ottenere un rimborso! Ma, a parte questo, rilasciare tempestivamente i rimborsi quando ti vengono richiesti non può che giovare all'immagine della tua azienda.

Chiedi la vendita

Quando arrivi a questo punto della tua lettera di vendita, è il momento di chiedere al tuo potenziale cliente di acquistare il tuo prodotto informativo. Sottolinea che il processo di ordinazione è sicuro e che non ha nulla da temere se usa la carta di credito online, oppure che può pagarti tramite PayPal, anche se non ha un conto PayPal. Naturalmente, dovrai predisporre l'accettazione di carte di credito e pagamenti PayPal, il che richiederà probabilmente solo un paio di settimane per applicare e completare il processo dall'inizio alla fine.

Il potere del p.s.

La maggior parte degli intrattenitori di prodotti informativi termina la propria lettera di vendita con un poscritto, o un P.S. come viene comunemente chiamato. Dopo aver detto tutto quello che abbiamo detto sopra in una lettera di vendita, ti starai chiedendo cosa mai potresti avere da dire in un post scriptum? Questa è la tua ultima occasione per sottolineare qualsiasi ultima parola di saggezza o di incoraggiamento riguardo alle tecniche di risoluzione dei problemi che hai delineato nel tuo eBook. Puoi anche utilizzare l'ultima parte della lettera di vendita per avvertire i lettori della possibilità che il prezzo del tuo prodotto aumenti in futuro e che sia saggio per loro approfittare del prezzo attuale.

È anche comune che chi vende prodotti informativi inserisca in questa sezione qualcosa su di sé per rassicurare i clienti sulla persona con cui hanno a che fare quando acquistano il tuo eBook. Puoi raccontare qualcosa della tua vita personale (oltre a ciò che hai già detto quando hai raccontato come hai risolto il tuo problema) o menzionare altri siti web che possiedi. Fornisci dei link a questi siti in modo che possano visitarli e scoprire di più su di te e sui tuoi prodotti.

Il tuo post scriptum ha un impatto sui potenziali clienti quasi pari a quello del titolo. Mentre il titolo è la prima cosa che il pubblico vedrà, il post scriptum è l'ultimo... e a volte il primo! È risaputo che le persone leggono le lettere di vendita dal basso verso l'alto, quindi assicurati che il tuo post scriptum sia efficace.

Testimonianze

Hai ottenuto diverse testimonianze di persone che hanno letto il tuo eBook prima di metterlo in vendita sul web? Se non è così, è il momento di farlo. Devi assicurarti che queste testimonianze siano molto credibili, in modo che quando i tuoi potenziali clienti le leggeranno, vedranno che altre persone sono riuscite a liberarsi dei loro problemi utilizzando le informazioni che stai mettendo a disposizione. Le testimonianze sono utili anche nella tua pagina di vendita, in modo che chi è un po' scettico sul fatto che il tuo eBook possa aiutarlo o meno, possa vedere che ha effettivamente aiutato delle persone.

Vantaggi e conseguenze

Puoi avere il miglior prodotto informativo di tutto il web, ma se la tua pagina di vendita non è davvero vincente, non riuscirai a vendere tanti eBook quanti ne venderesti con una pagina di vendita fatta su misura per aiutare le persone a capire che hai una soluzione al loro problema. Vuoi mostrarti come LA persona che può risolvere i loro problemi. Devi sottolineare al tuo pubblico cosa accadrà a suo favore quando acquisterà il tuo prodotto informativo e anche quali saranno le conseguenze se non coglierà l'opportunità di risolvere il problema che da tanto tempo è una spina nel fianco.

Altre cose da non dimenticare

La pagina di vendita deve mostrare al pubblico perché il tuo prodotto è unico rispetto a tutti gli altri venduti sul web. Deve evidenziare i punti deboli di questi altri prodotti e sottolineare perché il tuo prodotto è in grado di risolvere meglio il loro problema. Una buona lettera di vendita sottolinea inoltre al pubblico che i vantaggi dell'acquisto del tuo prodotto informativo sono di gran lunga superiori al costo che pagheranno per acquistarlo.
Le lettere di vendita devono sottolineare questi aspetti, che sono quelli più ricercati dai potenziali acquirenti:
- Meno costoso
- Miglior rapporto qualità/prezzo
- Funziona meglio di altre soluzioni
- La soluzione più aggiornata sul mercato

I consumatori sono un popolo perverso. Lo sono sempre stati e lo saranno sempre. Altrimenti perché chiederebbero un prodotto informativo che sia il più economico, ma più aggiornato, più funzionale e con un valore migliore rispetto agli altri eBook in vendita? Queste cose non sembrano affatto andare d'accordo, eppure sono ciò a cui chiunque produca prodotti informativi dovrebbe aspirare.

Definire il prezzo del tuo prodotto

La determinazione del prezzo del tuo eBook può essere un rompicapo se non l'hai mai fatto prima. Tu e solo tu dovrai decidere quanto far pagare il tuo lavoro. È molto importante che tu ti prenda un po' di tempo per pensarci e che non ti limiti a tirare fuori un prezzo dall'aria in modo indiscriminato. Devi renderti conto che stabilire il prezzo giusto è fondamentale per il successo o meno del tuo prodotto informativo. Non pensare che la soluzione migliore sia quella di far pagare un prezzo basso, in modo che più persone possano acquistare il tuo eBook.

Ricorda che le persone che comprano sono contrarie. Sebbene vogliano acquistare prodotti a prezzi bassi, a volte si insospettiscono se un prodotto costa troppo poco! Hanno l'idea sbagliata che, dato che stai facendo pagare un prezzo basso, il prodotto non deve essere di ottima qualità. Non si rendono conto che la maggior parte delle persone che chiedono un prezzo basso per gli eBook sono principianti che non sanno nulla di meglio e che fissano il loro prezzo al ribasso per cercare di trarre vantaggio dal bene comune.

Ma questi neofiti si rendono presto conto che per riuscire a guadagnare con un eBook che vendono a un prezzo basso, dovrebbero venderne migliaia! I neofiti hanno spesso anche il problema opposto. Il prezzo del loro prodotto è alto, si accorgono di non riuscire a vendere molto e abbassano il prezzo. Questo può causare una serie di problemi con il passare del tempo. Come? Supponiamo che tu inizi a vendere il tuo eBook a 49,99 dollari. Poi vedi che la concorrenza vende un eBook a un prezzo più basso, quindi abbassi il prezzo per essere più in linea con loro. Pensi che loro ne sappiano più di te in fatto di prezzi, visto che sono "nel giro" da più tempo. Invece, le persone che hanno acquistato il tuo eBook al prezzo originale da te stabilito vengono a conoscenza del fatto che hai abbassato i prezzi e si arrabbiano un po'.

Decidere il prezzo migliore per il tuo eBook fa parte del marketing, di cui parleremo in modo più approfondito nel prossimo capitolo.

8 - COMMERCIALIZZARE IL TUO PRODOTTO INFORMATIVO

Se vuoi davvero che il tuo prodotto informativo sia un successo e ti porti profitti, dovrai studiare come commercializzare un prodotto come un eBook online e, una volta conosciuti i passi da compiere per farlo, dovrai metterli in pratica.

La lettera di vendita

Il primo passo del marketing è la lettera di vendita, di cui abbiamo parlato in dettaglio nel capitolo precedente. Non posso sottolineare quanto sia importante la lettera di vendita per il tuo successo di vendita, ma è sufficiente dire che se la tua lettera di vendita non è buona, non venderai molti eBook.

Il sito web

Per commercializzare il tuo prodotto informativo, hai bisogno di un sito web. Ci sono molte opzioni a questo proposito, la maggior parte delle quali esula dallo scopo di questo eBook. Se stai leggendo queste righe, probabilmente hai già un tuo sito web. Se non ce l'hai, puoi usare il tuo motore di ricerca preferito e trovare tutto ciò che ti serve per crearne uno. Non rimandare, perché devi assolutamente avere un sito web per poter operare nel settore dei prodotti informativi!

Pubblicizza il tuo sito

Supponiamo che il tuo sito web sia già pronto e funzionante. Ci sono molte cose che puoi fare per commercializzare il tuo prodotto informativo e avere un sito web con la tua lettera di vendita e un link per il download dove le persone possono scaricare il tuo eBook direttamente sul loro disco rigido (dopo averti pagato, ovviamente!) è forse la migliore. Ma non importa quanto il tuo sito web sia ben strutturato, colorato o fantasioso, se le persone non lo visitano, non riuscirai a vendere nulla. Devi promuovere il tuo sito web in modo che le persone lo conoscano.

INVIO DELL'URL

Puoi iniziare inviando l'URL della tua pagina web ai principali motori di ricerca della rete. È abbastanza facile da fare. Basta visitare i principali motori di ricerca come
- Google
- Yahoo
- Ricerca AOL
- Ask.com
- MSN

e cerca il link "Aggiungi il tuo URL". Segui le indicazioni e presto! La tua pagina web è ora presente nei motori di ricerca e quando le persone digitano un termine di ricerca che ha a che fare con l'argomento del tuo eBook, il tuo sito apparirà tra i risultati.

SEO

Tuttavia, il tuo sito web otterrà risultati migliori nelle classifiche dei siti web se lo ottimizzi per i motori di ricerca. Questo si chiama SEO o ottimizzazione per i motori di ricerca. Il modo per farlo è creare più di una pagina web sul tuo sito - in genere sono sufficienti circa tre pagine. Ogni pagina deve essere incentrata su una specifica parola o frase chiave. Ciò significa che queste parole saranno presenti più volte nella pagina... ma non troppe, altrimenti i motori di ricerca non apprezzeranno la tua pagina.

Molte persone non si rendono conto che esiste una cosa chiamata "spider dei motori di ricerca" che striscia su tutto il web visitando le pagine e aggiungendo le loro informazioni all'elenco sempre crescente dei siti web e dei loro contenuti. Quindi, l'aggiunta di pagine contenenti parole chiave al tuo sito web di prodotti informativi ti garantirà l'inserimento nei motori di ricerca.

LINK

I link che puntano al tuo sito web da altri siti contribuiranno a portare un numero ancora maggiore di persone a vedere la tua pagina di vendita e il tuo sito web. Inoltre, i principali motori di ricerca considerano questo aspetto positivo. Il numero di link che arrivano al tuo sito web fa sì che i motori di ricerca classifichino le tue pagine più in alto, il che significa che il tuo sito si troverà più vicino alla prima pagina di risultati quando si effettua una ricerca. Questo è un aspetto molto positivo, perché è naturale che le persone clicchino sui link della prima pagina e non guardino necessariamente quelli della seconda e delle successive.

DIRETTORIE

Esistono anche delle directory a cui puoi inviare il tuo sito web. Una di queste si chiama Open Directory Project e fornisce informazioni a tutti i principali motori di ricerca. Un vantaggio che deriva dall'inserimento del tuo sito web in questa directory è che Google è particolarmente colpito da un link proveniente da questo sito web e ti classificherà più in alto grazie ad esso. Tuttavia, dovrai essere paziente quando inserisci il tuo sito qui.

Può volerci molto tempo prima che le tue informazioni vengano inserite, perché ci sono persone in carne e ossa che supervisionano l'inserimento di queste informazioni e c'è una lista d'attesa. Lo stesso vale per un'altra directory in cui dovresti inserire il tuo sito web, Yahoo! Directory.

Ci sono delle istruzioni che devi seguire attentamente quando ti iscrivi a questa directory e cerca di non essere troppo prolisso nella tua descrizione, altrimenti i redattori di Yahoo dovranno fare delle modifiche per renderla adeguata.

ARTICOLI PROMOZIONALI

Un altro modo per aumentare la visibilità del tuo sito web è scrivere articoli che abbiano a che fare con l'argomento del tuo prodotto informativo e inviarli a uno dei tanti siti di articoli. Un buon sito da provare è ezinearticles.com . Il link al tuo sito viene inserito in un riquadro in fondo alla pagina in cui compare l'articolo, quindi è un buon modo per aumentare le visualizzazioni della pagina.

I proprietari di siti web e mailing list accedono a questi archivi di articoli e possono scegliere gratuitamente gli articoli da utilizzare sul proprio sito web o nelle newsletter via e-mail, quindi c'è la possibilità che il tuo articolo venga scelto da qualcuno per questo scopo, fornendoti ancora più pagine viste che, si spera, si trasformeranno in vendite.

Affinché questo accada, però, il tuo articolo deve essere ben scritto, ma anche avere la giusta densità di parole chiave. Con questo intendo dire che la parola chiave che hai scelto deve essere utilizzata più volte nell'articolo per poter essere ripresa e inserita nei motori di ricerca come Google.

PAROLE AD ARTE DI GOOGLE

Un ottimo modo per pubblicizzare il tuo sito web è utilizzare Google Ads, un metodo molto popolare per attirare l'attenzione sulla propria attività o prodotto online. Probabilmente avrai visto questi Ads mentre navighi sul web. Sono i "link sponsorizzati" che vedi in alto e sul lato destro della pagina dei risultati di ricerca sul sito principale di Google e anche sui siti partner.

Le persone vedranno il tuo annuncio quando avranno utilizzato un termine di ricerca che corrisponde a una delle parole o frasi chiave che hai offerto per la tua pubblicità. Paghi una piccola commissione ogni volta che qualcuno clicca su uno dei tuoi annunci. Questo può costare qualche dollaro al giorno, a seconda del numero di clic, ma se riesci a ottenere 4 o 5 vendite al giorno grazie al traffico aggiunto, allora sono soldi ben spesi.

Al momento della creazione dell'account Ads, puoi scegliere quanto vuoi spendere ogni giorno in commissioni. In genere, più soldi puoi permetterti di spendere ogni giorno, più i tuoi annunci verranno mostrati. Più i tuoi annunci verranno mostrati, più click through riceverai. Dato che i click-through sono quelli che possono trasformarsi in vendite, si tratta di una situazione vantaggiosa per te!

Un piccolo trucco di Adwords che ha funzionato molto bene per me è quello di essere molto preciso sulle parole e le frasi chiave per le quali scelgo di fare un'offerta, perché le utilizzerò nell'annuncio Adwords vero e proprio. In questo modo, le parole chiave sono proprio davanti ai navigatori del web per attirare la loro attenzione e il mio tasso di clic è molto più alto da quando ho adottato questo trucco.

È necessario tenere sotto controllo la situazione di Adwords. Non vorrai continuare a pagare per i click-through se non ottieni vendite!

È facile modificare le tue parole chiave, quindi potrebbe essere una buona idea avere un elenco di riserva di parole pronte e in attesa, nel caso in cui alcune di quelle che stai utilizzando non producano più clic.

Google ha anche uno strumento che si rivelerà molto utile per te, in quanto ti dirà su quali delle tue parole chiave qualcuno ha cliccato e ha poi effettuato un acquisto sul tuo sito web. Si chiama strumento di conversione ed è una delle cose più belle che abbia mai avuto il piacere di usare! È davvero bello poter sapere quali parole chiave producono vendite per me. Ti aiuta a capire quando devi cambiare una parola chiave o lasciare le cose come stanno.

Ma forse non hai ancora i fondi per utilizzare Google Ads, anche se su scala ridotta. Non preoccuparti: se hai tempo da dedicarci, puoi fare molte cose per promuovere in modo efficace il tuo sito web gratuitamente o a un costo molto ragionevole.

Una parola sui backlink

Dovresti pensare a come ottenere dei backlink che puntino al tuo sito web. Che cos'è un backlink e perché dovresti volerlo? La maggior parte delle persone che si occupano di eBook hanno una teoria sui backlink. Sanno che l'idea generale è che le persone si collegheranno a una pagina se ritengono che il suo contenuto sia buono.

E per quanto riguarda i motori di ricerca, più backlink ci sono, meglio è. Il tipo di backlink più prezioso è quello proveniente da un sito web che ha lo stesso tema o argomento dell'eBook del sito web per il quale stai cercando di ottenere backlink. Dovresti dedicare un po' di tempo una o due volte alla settimana per creare questi backlink.

Un modo eccellente per ottenere backlink è quello di postare nei blog di altre persone, in particolare nei blog di studenti universitari. Questi blog terminano tutti con .edu e sono pieni di post che possono fornire backlink al tuo sito e aumentare il traffico.

Devi scegliere con cura i blog in cui inserire i tuoi post interessanti e ponderati, perché non vorresti pubblicare un paragrafo sul tuo eBook per la perdita di peso in un blog di cucina! Esiste una formula che puoi utilizzare con il motore di ricerca Google per individuare i blog che saranno rilevanti per il tuo prodotto informativo. Basta digitare nella casella di ricerca di Google quanto segue

site: .edu inurl:blog "invia un commento" - "i commenti sono chiusi" -devi essere connesso" "perdita di peso"

Verrà visualizzato un elenco di blog .edu in cui è possibile inserire un commento senza doversi registrare o effettuare il login. Puoi cambiare le parole "perdita di peso" con qualsiasi articolo del tuo prodotto informativo. Pubblica commenti di qualità e non spammare questi blog.

Se i tuoi post danno l'impressione che tu stia pescando backlink senza avere molto interesse per il blog in cui stai postando, lo faranno anche gli altri. In questo modo il tuo post potrebbe essere cancellato e tutto il tempo che hai dedicato alla pubblicazione sarebbe stato sprecato. D'altra parte, se pubblichi un post come se lo volessi davvero, otterrai ottimi backlink, un aumento del traffico e delle vendite. Scoprirai che avere backlink di qualità è un metodo molto semplice per inviare potenziali clienti al tuo sito web. Infatti, la maggior parte dei guru dei prodotti informativi sanno che il numero di backlink che hanno è fondamentale per il loro successo.

9 - PERCHÉ DOVRESTI AVERE UNA MAILING LIST/NEWSLETTER

Se sei davvero intenzionato a vendere il tuo prodotto informativo e a crearti una fonte di reddito passivo, non puoi assolutamente fare a meno di una mailing list e di una newsletter. Perché hai bisogno di questi strumenti? Sono probabilmente due delle risorse più preziose che puoi avere per aiutarti a raggiungere i tuoi obiettivi di marketing per il tuo eBook. Quindi, se vuoi fare sul serio con il business dei prodotti informativi, hai assolutamente bisogno di una mailing list e/o di una newsletter.

Cosa includere

Alcuni si spingono fino a inviare un capitolo completo del loro eBook alla loro mailing list, come una sorta di teaser, per permettere loro di vedere cosa si perdono non acquistando l'intero libro. Altri non credono nella possibilità di rivelare il proprio lavoro in questo modo, anche se ciò significa che a lungo andare si otterranno più affari. Inviano email amichevoli che parlano dell'argomento del loro prodotto informativo e alla fine, senza alcuna pressione, chiedono al lettore di prendere in considerazione l'acquisto di una copia.

Occasionalmente inseriscono articoli che hanno a che fare con l'argomento del loro eBook. Potrebbero essere articoli scritti da loro stessi o articoli trovati in una banca di articoli gratuiti. Per avere successo è necessario mantenere una mailing list!

Come per la creazione di un eBook, devi dare alle persone che si iscrivono un valore aggiunto per il tempo speso a leggerlo. Devi anche rispettare un calendario regolare per l'invio della tua newsletter. Un'abitudine disordinata di inviare una newsletter ogni volta che ti viene in mente non ti porterà molti clienti.

Convincere le persone a iscriversi

Come si fa a convincere le persone a iscriversi alla tua mailing list? Dovresti sempre inserire un link al tuo sito web all'interno dei tuoi eBook, insieme a un cortese invito a iscriversi alla mailing list. Sul sito web in cui promuovi il tuo prodotto informativo, offri ai tuoi visitatori la possibilità di iscriversi a una mailing list/newsletter. Puoi accennare brevemente a cosa tratterà la newsletter, ma non c'è bisogno di entrare nei dettagli... chi è interessato lo scoprirà presto!

Questo è un buon momento per un omaggio, perché spesso è questo che convince le persone a iscriversi a una lista. Un altro eBook oltre a quello che stai vendendo è perfetto da utilizzare come prodotto in omaggio per coloro che si impegnano a iscriversi. Non deve essere necessariamente un eBook scritto da te, ma può essere uno dei tanti gratuiti a cui ci si può iscrivere e che sono pertinenti all'argomento del tuo prodotto informativo.

Autoresponder sequenziali

Con un sito web, avrai bisogno di un autoresponder sequenziale. Altrimenti, una volta avviata la tua mailing list, dovrai passare molto tempo seduto davanti al computer a inviare e-mail! Un autoresponder sequenziale può rendere molto semplice e veloce il follow-up delle persone che hanno espresso interesse per ciò che hai in vendita.

La comunicazione diventa automatica, ma sembra che tu ti sia preso il tempo di scrivere un'email allegra e chiacchierona proprio per loro! L'autoresponder personalizza queste e-mail, saluta la persona per nome e sembra che sia stata inviata personalmente da te. Le persone che contatti attraverso un autorisponditore avranno la sensazione di avere una sorta di rapporto con te, grazie a queste e-mail.

I risponditori automatici sequenziali sono piuttosto nuovi nel mondo online. Non esistono da molto tempo. Prima dell'autoresponder sequenziale c'era l'autoresponder monotematico. Poteva inviare solo un'email alla volta. Con una mailing list ampia come quella che spero avrai tu, sarebbe quasi controproducente utilizzare un processo unico.

L'autoresponder sequenziale può essere impostato per inviare le risposte nell'ordine da te scelto. Potresti inviarne una quando qualcuno si iscrive per la prima volta, un'altra due giorni dopo, un'altra ancora il quinto giorno, poi saltare tre giorni e inviarne un'altra il nono giorno.

L'automazione di questo autoresponder è la sua bellezza. Una volta che l'hai impostato per lavorare al posto tuo, di solito dovrai farlo solo una volta. Continuerà a fare ciò che hai chiesto fino a quando non lo fermerai. Invierà risposte in continuazione, 24 ore su 24, 7 giorni su 7! Una volta che una persona si iscrive alla tua mailing list sul tuo sito web, riceverà un'e-mail di conferma in cui le verrà chiesto di cliccare su un link per confermare l'iscrizione. Questo è necessario perché è la prova che non stai inviando loro email indesiderate o spam. Una volta confermata l'iscrizione, l'autoresponder invia loro un messaggio di benvenuto e poi riceveranno altri messaggi di posta elettronica in base a come li hai impostati.

Potresti pensare di cavartela utilizzando l'autoresponder "Sono in vacanza" che è standard con il tuo programma di posta elettronica. Se hai una mailing list molto piccola, questo potrebbe funzionare, anche se non è detto.

Inoltre, c'è una buona probabilità che tu possa essere accusato di inviare spam e che il tuo servizio internet rischi di essere disconnesso. Inoltre, avrai molte persone nella tua mailing list! Quindi, hai bisogno di un servizio che sia in grado di gestire un gran numero di iscritti.

Esiste un fantastico servizio di autoresponder sequenziale che ti consiglio. Si chiama Aweber.

- Aweber è veloce come un fulmine quando si tratta di inviare i tuoi messaggi e di aiutarti a costruire la tua lista. In effetti, probabilmente non riusciresti a inviare e ricevere così velocemente come fa Aweber per centinaia di migliaia di utenti.

- Sono i leader del settore degli autoresponder. Non devi lasciarti intimidire dall'uso di qualcosa di così potente: Aweber ti offre ogni sorta di file di aiuto da consultare.

- Aweber ha il miglior record di tutti gli autoresponder per quanto riguarda la garanzia che le tue e-mail arrivino a destinazione.

- Aweber ha un prezzo molto ragionevole. Al momento in cui scriviamo, costa solo 15-20 dollari al mese.

Ora che hai configurato il tuo autoresponder, che tipo di email invierai ai tuoi clienti attuali e potenziali? Hai pensato di sviluppare un e-Course che sia in linea con l'argomento del tuo eBook?

corsi elettronici

Cos'è un eCourse? Una serie di insegnamenti elettronici che consiste in un numero variabile da cinque a sette brevi lezioni di circa 600 parole ciascuna. Il tuo autorisponditore invierà queste lezioni secondo un calendario da te scelto: di solito, ogni giorno per una settimana o ogni due giorni per due settimane. Il corso elettronico ti permetterà di affermarti ancora di più come esperto dell'argomento di cui tratta il tuo prodotto informativo.

Sono abbastanza facili da scrivere e l'autoresponder rende la distribuzione del corso un gioco da ragazzi. Ogni volta che una persona viene considerata un esperto, le persone interessate alla sua area di competenza la ammireranno e vorranno in qualche modo emularla.

L'aggiunta di un eCourse al tuo arsenale di strumenti di marketing ti permetterà di attirare un numero ancora maggiore di potenziali clienti sul tuo sito web e, insieme agli altri trucchi di marketing che hai imparato, dovrebbe aumentare le tue vendite oltre ogni aspettativa.

A questo punto avrai probabilmente iniziato a pensare a qualche idea per il tuo prodotto informativo. Ti invito a fare ricerche sulle tue scelte, a fare buon uso di materiale di dominio pubblico, se possibile, e a fare un po' di marketing intelligente. Prima che tu te ne accorga, sarai un autore di eBook di successo!